Gastronom-IA:
Ingredientes, recetas y
sabores de la Inteligencia
Artificial

Enrique Onieva Caracuel

Gastronom-IA: Ingredientes, recetas y sabores de la Inteligencia Artificial

Granada, 2025

© ENRIQUE ONIEVA CARACUEL
© UNIVERSIDAD DE GRANADA
Campus Universitario de Cartuja
Colegio Máximo, s.n., 18071 Granada
Tlf.: 958 243 930 - 958 246 220
editorial.ugr.es

ISBN: 978-84-338-7504-4
Dep. legal: Gr./178-2025

Edita: Editorial Universidad de Granada
        Campus Universitario de Cartuja. Granada
Maquetación: Tarma, estudio gráfico. Granada
Diseño de cubierta: Tarma, estudio gráfico. Granada
Imprime: Printhaus. Bilbao

Printed in Spain   *Impreso en España*

A Asier y Víctor, mi motivación e inspiración
A Beatriz, mi amor, mi compañera
A mi familia, origen de coordenadas

Índice

Prólogo

En el menú de las ciencias de la computación, hay un plato que ha comenzado a captar la atención de comensales curiosos de todo el mundo: la inteligencia artificial (IA). Pero, como sucede con las recetas más elaboradas, el verdadero arte de la IA radica en la combinación de algunos ingredientes: algoritmos, datos, modelos de aprendizaje y, sobre todo, una buena dosis de creatividad e innovación.

La IA que tiene su origen en la mitad del siglo XX se ha convertido en un motor clave para el progreso y está teniendo un gran impacto en numerosos aspectos de nuestra vida diaria. Usamos de forma cotidiana desde asistentes virtuales hasta sistemas de recomendación en plataformas de streaming. Hoy en día, la IA está integrada en múltiples sectores, desde la medicina, donde ayuda en diagnósticos y desarrollo de medicamentos, hasta la industria, donde optimiza la producción y automatiza tareas.

Este libro acerca la IA a las personas a través de analogías con el mundo de la gastronomía, un mundo verdaderamente cercano y conocido por todos. Así como cocinar es una mezcla de ciencia, técnica y arte, la IA requiere de la combinación de conocimientos que proceden de diferentes campos, así como de la intuición y la experimentación.

Cada capítulo de este libro es una receta que tiene como objetivo no solo explicar los fundamentos de la IA, sino también mostrar cómo estos conceptos se pueden aplicar en diferentes contextos. Porque, al igual que una buena comida, la IA puede disfrutarse de diferentes formas: desde el aficionado que experimenta con recetas conocidas, hasta el profesional que busca nuevas ideas para sus propios proyectos.

Desde sus orígenes, la IA ha estado rodeada de muchos mitos, con criaturas artificiales y promesas de máquinas pensantes que rivalizan con la inteligencia humana. Sin embargo, la realidad ha sido un viaje lleno de desafíos, descubrimientos y avances sorprendentes. En este libro, el autor hace un recorrido por ese viaje, desde los primeros intentos de crear máquinas inteligentes hasta los hitos más recientes que han llevado a la IA a un nivel de sofisticación impensable hace unas décadas.

Las analogías culinarias a lo largo del libro ayudan a comprender conceptos que en muchas ocasiones son complejos. Así como en una receta cada ingrediente cumple una función específica, en el mundo de la IA, los datos y los algoritmos trabajan en conjunto para lograr resultados sorprendentes. Por ejemplo, los algoritmos de aprendizaje supervisado pueden compararse con un cocinero que sigue las instrucciones precisas de una receta, mientras que el aprendizaje no supervisado se asemeja más a un chef que improvisa en la cocina, buscando descubrir nuevos sabores a partir de ingredientes conocidos. Y cuando hablamos de IA generativa, el concepto se acerca a la innovación culinaria más vanguardista, donde el chef crea nuevas recetas nunca antes vistas, sorprendiendo tanto a expertos como a principiantes.

En este libro cada capítulo añade un nuevo "ingrediente" al plato de la IA. Empieza con una visión histórica de la IA, pues no hay mejor forma de entender hacia dónde vamos que entendiendo de dónde venimos. Luego, profundiza en el aprendizaje computacional, que es una nueva forma de abordar los problemas y la base del reconocimiento de patrones y el procesamiento de grandes volúmenes de datos de la IA actual. Y a continuación, se adentra en diferentes platos gourmet como son el aprendizaje profundo y la IA generativa.

En definitiva, este libro surge de la necesidad de que cualquier persona pueda entender cómo funciona la IA sin tener conocimientos de alto nivel en IA. Y hace una invitación a la reflexión constante, ya que la IA es mucho más que fórmulas matemáticas y algoritmos: es un campo lleno de oportunidades, preguntas y, sobre todo, creatividad.

Espero que con este recorrido por los sabores de la IA el lector pueda disponer de una visión general del estado actual en el que se encuentra la IA y las posibilidades que nos presenta la IA, así como su impacto. Agradezco a José Luis Verdegay Galdeano, director de la Colección Tecnologías de la Información y Comunicación de la Universidad de Granada, la invitación a escribir este prólogo, ha sido todo un honor, y a Enrique Onieva Caracuel, profesor de la Universidad de Deusto, la iniciativa de esta obra que no me cabe duda de que tendrá mucho éxito.

¡Buen provecho!

Alicia Troncoso Lora

Presidenta de la Asoc. Española de Inteligencia Artificial
Catedrática de Lenguajes y Sistemas Informáticos
Universidad Pablo de Olavide, de Sevilla

Introducción

Imagen generada con Dall-E a través de ChatGPT: una ilustración en blanco y negro de un robot adorable sosteniendo un tazón grande de sopa de letras, con una expresión amigable y simplista.

La Inteligencia Artificial (IA), una rama que busca desarrollar máquinas con capacidades de pensamiento, aprendizaje y toma de decisiones similares a las humanas, ha despertado el apetito de los paladares más apasionados y curiosos de la tecnología. Este libro ofrece una visión clara y accesible de la IA, utilizando analogías culinarias para explicar conceptos complejos de manera sencilla y cercana, lo que inspira el juego de palabras en su título. Así como alimentarnos es vital y cotidiano, pero también un espacio para el encuentro y el diálogo, este libro pretende ser alimento para la mente, ofreciendo conocimientos y reflexiones que espero disfrute y pueda compartir.

Este libro no pretende únicamente explicar conceptos, sino que espero mantener un diálogo cercano con usted, el lector. Le propondré sumergirse en situaciones imaginativas —a veces inverosímiles— que ayudarán a clarificar cómo funcionan los métodos detrás de los avances más recientes en este campo. A medida que explore cada capítulo, espero que descubra una nueva forma de ver la IA, reflexionando sobre cómo estos desarrollos impactan en nuestra vida cotidiana.

Un algoritmo[1] se define como un conjunto de instrucciones o reglas no ambiguas, ordenadas y finitas, que permiten solucionar un problema, realizar un cómputo, procesar datos o ejecutar otras tareas. Dado un estado inicial y unos valores de entrada, al seguir los pasos sucesivos marcados por el algoritmo se llega a un estado final, obteniendo una solución. A efectos didácticos, y salvando las diferencias, podemos entender un algoritmo

---

1 https://dle.rae.es/algoritmo

como una receta detallada y precisa que, seguida por un cocinero (en este caso, un computador) de manera metódica y literal, dará como resultado el plato esperado. Inspirado por esta sencilla pero poderosa idea, este libro pretende extenderla hacia los desarrollos más actuales de la IA, haciéndolos asequibles y comprensibles para el gran público.

La IA es un campo de estudio que busca imitar las capacidades humanas de percepción, pensamiento y toma de decisiones. Como un chef que combina ingredientes, los desarrolladores emplean algoritmos, datos y fórmulas matemáticas para construir sistemas capaces de ejecutar tareas que suelen requerir inteligencia. Estas tareas incluyen reconocer objetos en imágenes, entender el lenguaje, resolver problemas y aprender de experiencias previas. Hoy, las computadoras no solo siguen las recetas definidas por programadores, sino que también aprenden de la experiencia, ajustan los ingredientes según los resultados y hasta crean nuevas recetas nunca antes escritas.

Seguramente ya habrá oído hablar de las recientes aplicaciones de la IA generativa, que pueden crear textos, imágenes y otros contenidos de una manera diversa, original y convincente. Aunque dedicaremos un capítulo a ellas, he decidido incorporar ilustraciones generadas por IA a lo largo de las diferentes secciones del libro. Estas ilustraciones, además de resumir la esencia de cada sección, ofrecen una muestra práctica de las posibilidades de esta tecnología. A través de situaciones que combinan la cocina y la robótica, las imágenes sirven como una metáfora visual que complementa el propósito central del libro.

Espero que disfrute del recorrido que le propongo, desde los inicios de la IA hasta sus desarrollos más actuales. Cada capítulo es un pequeño bocado con el que podrá saborear cómo las máquinas han pasado de simplemente seguir recetas a improvisar y crear nuevas, abriendo un mundo de posibilidades que transforma nuestra realidad.

Este libro no habría sido posible sin la ayuda de José Luis Verdegay y la editorial Universidad de Granada, a quien agradezco profundamente la confianza depositada en mí. También quiero expresar mi gratitud por el constante ánimo y respaldo de los miembros del grupo de investigación Deusto Smart Mobility, así como de los compañeros de la Facultad de Ingeniería de la Universidad de Deusto. Finalmente, quiero extender mi más profundo agradecimiento a familiares y amigos, cuyo cariño, paciencia y apoyo incondicional me han acompañado durante todo este proceso. Sin el aliento constante de todos ellos, este proyecto no habría sido posible: sois el ingrediente principal de mi felicidad.

Un recorrido histórico por la inteligencia artificial

Imagen generada con Dall-E a través de ChatGPT: un robot vintage en un templo egipcio antiguo, sosteniendo una antorcha. Columnas decoradas con jeroglíficos con matices culinarios. Estilo mezcla de retro futurismo.

La idea de máquinas que se comportan como seres humanos ha sido un tema recurrente en nuestra cultura y literatura a lo largo de la historia. Sin embargo, sólo gracias a los avances tecnológicos del siglo XX empezamos a ver progresos significativos hacia esa visión. El desarrollo de las ciencias de la computación, las telecomunicaciones y la electrónica ha marcado el inicio de lo que hoy conocemos como la era digital.

Esta era digital ha transformado nuestras vidas, trayendo consigo computadoras y redes de comunicación que ahora forman parte de nuestra rutina diaria. En los hogares, ha introducido dispositivos como electrodomésticos inteligentes, vehículos con asistencia a la conducción, relojes inteligentes y, por supuesto, computadoras y teléfonos inteligentes. Estos avances no solo han simplificado nuestras tareas diarias, sino que también han transformado nuestra sociedad al crear un universo digital que redefine la forma en que actuamos. Internet ha democratizado el acceso a la información, permitiendo que cualquier persona conectada pueda acceder a una cantidad ilimitada de conocimiento, transformando así la educación y la investigación. Las publicaciones en línea, blogs, podcasts y redes sociales han surgido como alternativas a los medios de comunicación tradicionales, permitiendo a los usuarios consumir, crear y compartir contenido rápidamente. Esto ha fomentado opiniones diversas, eliminado barreras geográficas, facilitado la creación de comunidades con intereses comunes y promovido nuevas formas de activismo social y político.

Un elemento común en estos avances es la presencia de los datos. Éstos se generan detrás de cada acción en el mundo digital, desde visitar una web hasta interactuar en una red social, y son susceptibles de ser recopilados, almacenados y analizados, con diferentes fines. Estos datos son el recurso con el que trabajan algoritmos que estudian patrones y comportamientos para mejorar la experiencia del usuario, ofrecer recomendaciones, productos y contenidos, entre otros. En la otra cara de la moneda, la privacidad y seguridad de la información son un desafío importante en la era digital. Legislaciones como el Reglamento General de Protección de Datos[2] en Europa (una ley que protege la privacidad de las personas para que las empresas usen sus datos de manera segura y con su consentimiento), así como otras similares en diferentes partes del mundo buscan abordar estas preocupaciones, garantizando que la información se maneje de manera ética y segura.

Así como la cocina se transformó en el pasado gracias a la llegada de nuevos ingredientes de regiones lejanas, y el desarrollo de herramientas más avanzadas, como cuchillos de acero o molinos para especias, la IA ha avanzado a medida que sus componentes clave lo han hecho. Estos elementos son la mayor disponibilidad de datos, la mejor capacidad de procesamiento de los dispositivos modernos y el desarrollo de algoritmos más avanzados. Estos elementos han permitido a las máquinas procesar información de manera más rápida e inteligente, lo que permite que la IA se extienda a prácticamente todos los sectores de la sociedad.

Tenemos preparada la mesa para nuestra experiencia culinaria. Iniciemos nuestro menú con un primer plato repleto de historia, descubriendo los orígenes y la evolución de la IA.

2 https://gdpr-info.eu/

SECCIÓN 1.1: **Definiendo la Inteligencia Artificial**

Imagen generada con Dall-E a través de ChatGPT: un cerebro biomecánico fusionando elementos orgánicos con engranajes y mecanismos metálicos. Estilo steampunk, sobre una mesa de madera en un taller.

Como primer bocado, intentaremos definir qué es la IA, un reto similar a definir la propia inteligencia humana. La inteligencia no es simple, ni binaria; es una combinación de habilidades y comportamientos que vemos en seres que consideramos inteligentes. De haber una definición universalmente aceptada de inteligencia, la definición de IA simplemente añadiría que está "realizada por una máquina". No obstante, el término "inteligencia artificial" se acuñó en los años 50. Desde entonces, la IA ha evolucionado desde simples máquinas que realizan tareas repetitivas hasta sistemas complejos capaces de aprender, adaptarse y tomar decisiones. Sin embargo, la IA todavía no ha logrado replicar la complejidad y profundidad del pensamiento humano.

La inteligencia humana tiene múltiples facetas, incluyendo el razonamiento lógico[3], la resolución de problemas, la percepción de situaciones complejas, el aprendizaje, a partir de información o experiencia, la planificación, la adaptación a los cambios y la creatividad, entre otras. Estas habilidades involucran procesos cognitivos, emocionales y sociales, que en conjunto forman lo que llamamos inteligencia. Por otro lado, la IA busca emular estos procesos mediante algoritmos. De una manera sencilla, la IA puede entenderse como técnicas que permiten a las máquinas imitar habilidades de la inteligencia humana. Dentro de la IA, diferentes especialidades se enfocan en simular aspectos concretos de la inteligencia humana, utilizando técnicas y métodos específicos. Por ejemplo:

- Los sistemas expertos utilizan bases de conocimiento detalladas y métodos de inferencia o razonamiento lógico para resolver problemas que típicamente requieren de un conocimiento experto humano. Similar a un sumiller que, usando su conocimiento y experiencia, recomienda el vino perfecto para acompañar una comida, basándose en las características del vino y los sabores de los platos.

---

3 El razonamiento lógico es la capacidad de pensar de manera ordenada y estructurada para resolver problemas, como resolver un rompecabezas o tomar decisiones basadas en hechos.

- Los algoritmos de agrupamiento buscan organizar elementos de manera que aquellos dentro del mismo grupo sean más similares entre sí que con los de otros grupos. Emulando a un chef que ordena ingredientes o especias según sus sabores, para facilitar su uso en la cocina.

- Los algoritmos de aprendizaje supervisado permiten a la IA identificar patrones a partir de los datos, como un aprendiz que estudia recetas que explican claramente cómo hacer cada plato. Al practicar repetidamente, el aprendiz se familiariza con ingredientes y pasos a seguir. Después de estudiar muchas recetas, podrá empezar a cocinar nuevos platos por sí mismo.

- El aprendizaje por refuerzo incluye algoritmos que permiten a la IA aprender a tomar decisiones mediante la experimentación y la recepción de valoraciones, tanto positivas como negativas. Como un chef que ajusta su receta basándose en los comentarios de los clientes y las críticas para mejorar los platos de su carta.

- El procesamiento del lenguaje natural permite que las máquinas entiendan y generen lenguaje humano, el cual es inherentemente ambiguo y dependiente del contexto. Por ejemplo, si un chef recibiera la comanda de "una selección de platos para 3 personas", deberá interpretarla de manera diferente si se trata de un grupo de 3 amigos, o de una pareja y un niño, si es un desayuno, un almuerzo o una cena... entre otros factores.

Estos son sólo algunos ejemplos de la gama de "recetas" de la IA. Cada una con sus propios ingredientes, pero todas con el objetivo común de crear máquinas capaces actuar y reaccionar de una manera que podamos llamar inteligente. A lo largo de este libro trataremos de explorar cómo se aplican en diferentes contextos, y discutiremos tanto los desafíos y como las oportunidades que presentan. Este es el aperitivo previo al banquete de ideas por venir.

SECCIÓN 1.2: **Recorrido histórico**

Imagen generada con Dall-E a través de ChatGPT: la evolución de robots en una cocina, desde pequeño a chef, rodeados de utensilios y alimentos. Estilo retro-ilustrativo.

Sigamos degustando el pasado, detallando cómo ha evolucionado la IA desde su origen hasta nuestros días. La historia de la IA se remonta a tiempos antiguos, marcados por relatos sobre autómatas y máquinas diseñadas para imitar comportamientos humanos, mostrando así un interés temprano en las entidades autónomas[4]. Durante siglos,

4 https://www.0223.com.ar/nota/2021-10-3-13-56-0-un-automata-en-la-antigua-grecia

filósofos y científicos han explorado la idea de automatizar la inteligencia humana. En el siglo XVII, el matemático y filósofo René Descartes especuló sobre la capacidad de las máquinas de mostrar comportamientos inteligentes, más adelante, encontramos ejemplos de inventores del siglo XVIII, como Jacques de Vaucanson, quien creó un pato autómata que imitaba la digestión, o Wolfgang von Kempelen, famoso por su autómata que simulaba jugar al ajedrez, sorprendieron al público de la época[5].

El siglo XX trajo consigo innovaciones significativas, y fue en la década de 1940 cuando Alan Turing introdujo la "Máquina de Turing[6]", estableciendo las bases teóricas para la computación moderna y la IA. Su concepto de un dispositivo que realiza cálculos automáticamente fue esencial para el desarrollo de las primeras computadoras. Turing también exploró el concepto de que las máquinas pudieran simular el pensamiento humano, un tema que exploró en su conocido ensayo sobre el test de Turing. Éste evalúa si una máquina puede mantener una conversación que suene tan natural que un observador no pueda diferenciarla de la de un humano. La contribución de Turing no sólo impulsó avances tecnológicos, sino que también provocó importantes debates filosóficos sobre la naturaleza de la mente y las máquinas. Para comprender este concepto, imagine que le presentan dos pizzas: una

---

5 https://www.jugamostodos.org/index.php/noticias-en-espana/en-los-medios/10958-el-turco-automata-de-kempelen

6 Una Máquina de Turing es un concepto teórico que describe una máquina capaz de realizar cálculos y resolver problemas siguiendo una serie de reglas, siendo un modelo básico para entender cómo funcionan las computadoras.

elaborada por un chef y otra producida industrialmente por una máquina. Si come de ambas sin saber cuál es cuál y no logra distinguir entre la pizza del chef y la hecha en serie, podríamos decir que la máquina habría superado esta versión culinaria del Test de Turing.

En la década de 1950, el término "Inteligencia Artificial" fue oficialmente acuñado, durante la conferencia de Dartmouth, marcando el nacimiento de la IA como campo de estudio. A partir de entonces, se desarrollaron los primeros programas dedicados a esta disciplina. Sin embargo, durante las décadas siguientes, la investigación en IA experimentó altibajos, períodos conocidos como "inviernos de la IA". Éstos fueron períodos en los que hubo un descenso significativo en la financiación y el apoyo a la investigación en IA, debido a expectativas no cumplidas, limitaciones técnicas y falta de aplicaciones prácticas. Además, el escepticismo y las críticas sobre la viabilidad de replicar el pensamiento humano con máquinas también contribuyeron a la falta de apoyo financiero y académico. Durante estos períodos, el progreso en IA se ralentizó, no paró, y muchos proyectos se vieron interrumpidos o cancelados. No obstante, las barreras que provocaron los inviernos se superaron en gran medida gracias a los avances en la tecnología de computación y en los algoritmos. Esto ha facilitado un resurgimiento de la IA en el siglo XXI. Los sistemas de aprendizaje profundo han demostrado ser especialmente efectivos en diversas tareas (dedicaremos secciones posteriores a su desarrollo), desde el reconocimiento de voz y de imágenes hasta la toma de decisiones en vehículos autónomos. Estos avances han integrado cada vez más la IA en nuestra vida cotidiana y en diversos sectores industriales, generando debates continuos sobre las implicaciones éticas, sociales y económicas de esta tecnología.

A continuación, presentamos un breve y conciso recorrido histórico, destacando los avances sobre los que se fundamenta la IA actual. Es posible que algunas palabras técnicas aparezcan en este recorrido; sin embargo, cada una de estas áreas será definida y explicada en los capítulos siguientes.

- En la década de 1950, se establecieron los cimientos de muchas técnicas que son fundamentales hoy en día. El perceptrón, modelo básico de red neuronal fue desarrollado en 1958, marcando el inicio de la exploración en este campo. Al mismo tiempo, el problema del *multi-armed bandit* sembró la semilla del aprendizaje por refuerzo, área donde los sistemas aprenden mediante la interacción con su entorno. Además, la regresión lineal, cuyo uso en estadística se remonta a siglos anteriores, comenzó a ser aplicada en el aprendizaje supervisado, demostrando su capacidad para hacer predicciones a partir de datos.

- En la década de 1960, se lograron avances como ELIZA, uno de los primeros *chatbots* que simulaba conversaciones; o el algoritmo *K-means*, fundamental en aprendizaje no supervisado.

- En la década de 1970 se introdujo el algoritmo de retro-propagación, básico para el entrenamiento de redes neuronales, así como en 1979, se desarrolló el primer sistema experto, MYCIN, para diagnosticar infecciones bacterianas y recomendar tratamientos.

- Las décadas de los 1980 y 1990 trajeron varios hitos notables, como la introducción de las redes neuronales multicapa, los autocodificadores, y el desarrollo de las redes neuronales recurrentes y convolucionales. Por otra parte, se desarrolló el algoritmo *Q-learning*, que es clave para el aprendizaje por refuerzo.

- En las décadas de 2000 y 2010, se desarrollaron avances esenciales para el procesamiento de texto, como analizadores léxicos avanzados, métodos de codificación numérica de palabras, los transformadores y los mecanismos de atención, surgiendo los primeros grandes modelos de lenguaje. También, se combinaron métodos de aprendizaje por refuerzo con aprendizaje profundo, dando lugar al aprendizaje por refuerzo profundo. Por otra parte, se introdujeron las redes generativas adversarias y los fundamentos de los mecanismos de difusión, semilla de actuales IA generativas de imágenes.

- En lo que va de los años 2020, hemos sido testigos de mediáticos avances en el ámbito de la IA generativa. Lanzamientos de modelos de lenguaje con capacidades sin precedentes de comprensión y generación de texto, revolucionando el campo de los *chatbots*, modelos capaces de generar imágenes a partir de descripciones, compitiendo con ilustradores profesionales, progresos significativos en la generación de vídeo sintético. Estos avances han marcado un hito en las capacidades de la IA, así como han traído una adopción, y preocupación por parte de los usuarios, empresas y administraciones nunca vista.

SECCIÓN 1.3: **Hitos recientes**

Imagen generada con Dall-E a través de ChatGPT: la evolución humana y tecnológica en un diagrama escalonado. Mezcla de figuras humanas, robots y símbolos científicos en estilo infográfico.

Avanzamos a platos más actuales, destacando los hitos recientes que han marcado la era moderna de la IA. En las últimas décadas, la tecnología ha llevado a la IA a desafiar e incluso superar las habilidades humanas en varios campos. Desde juegos de estrategia hasta creaciones artísticas, las máquinas han demostrado capacidades que rivalizan con las humanas. Esta sección destaca algunos de los momentos más significativos en esta "batalla" entre humanos y máquinas, donde la IA ha redefinido los límites de la creatividad, la estrategia y la habilidad.

Uno de los primeros hitos fue en 1997, cuando la supercomputadora Deep Blue de IBM derrotó al campeón mundial de ajedrez, Garry Kaspárov. Fue comparable a ver un robot elaborando un gazpacho tradicional mejor que un chef experimentado. Este evento marcó el comienzo de una era en la que las máquinas compiten, y superan en algunos casos a los humanos en tareas que requieren inteligencia. La repercusión del hecho fue profunda, mostrando el potencial de la IA al mundo entero en tareas que requieren planificación y toma de decisiones complejas.

Avanzando a 2005, Stanley, un vehículo autónomo desarrollado por la Universidad de Stanford, ganó el Gran Desafío DARPA. Una competición organizada por la agencia de investigación del gobierno de EE.UU., donde vehículos autónomos trataban de completar un recorrido sin intervención humana. Fue como ver un robot manejar utensilios con destreza profesional. Este hito nos hizo imaginar vehículos que se pueden conducir sin intervención humana.

Watson fue un sistema de IBM que triunfó en "Jeopardy!", un programa de televisión basado en preguntas tipo Trivial. Esto ocurrió en 2011, a base de procesar una gran cantidad de información para dar respuestas acertadas, como un chef organizando un inmenso y complejo recetario con rapidez y precisión. Este logro abrió la esperanza sobre la capacidad de entender el lenguaje natural por parte de las máquinas, así como la de razonar para dar respuestas correctas y coherentes.

DeepFace, lanzado por Facebook en 2014, fue un software de reconocimiento facial basado en redes neuronales capaz de identificar individuos en fotos con precisión, como el camarero que recuerda los gustos de los comensales habituales, ofreciendo un trato personalizado. Este avance generó expectativas de mejoras en la personalización de servicios, pero también suscitó preocupaciones sobre la privacidad y el uso indebido de datos biométricos[7].

En 2016, AlphaGo, desarrollado por DeepMind, marcó un hito al derrotar al campeón mundial de Go, Lee Sedol. El Go es un antiguo juego de mesa que requiere estrategia, de una complejidad mayor a la del ajedrez. De manera análoga a Deep Blue, pero con una complejidad similar a la elaboración de un pastel de bodas con múltiples pisos, decoración detallada y ensamblaje preciso realizado por una máquina. AlphaGo venció con tácticas sorprendentes, abriendo posibilidades a la combinación de creatividad y pensamiento estratégico en las máquinas. Un año después, OpenAI desarrolló un programa capaz de superar a jugadores humanos en el popular juego Dota 2, un videojuego de estrategia multijugador por equipos, mostrando adaptabilidad y toma de decisiones rápidas y precisas en situaciones complejas. Es como ver a un chef que trabaja con soltura en una caótica cocina, gestionando múltiples comandas con ajustes constantes. Este hito inspiró confianza en que la IA pudiera abordar desafíos en tiempo real y en entornos dinámicos.

---

7 Los datos biométricos son características físicas como la forma del rostro, las huellas dactilares o el iris, que permiten identificar a una persona de una manera única.

En 2019, Facebook en colaboración con la Universidad Carnegie Mellon presentaron Pluribus, que superó a jugadores profesionales de póker. Un entorno en el que se requiere de estrategia, intuición y habilidades para leer a los oponentes. Fue como un chef que interpreta las reacciones de sus comensales y ajusta el menú a sus gustos. El mismo año, OpenAI lanzó GPT-3, un modelo que genera texto en función de una orden dada, que podía realizar tareas de redacción, traducción y programación con precisión; como un chef que combina ingredientes para crear recetas innovadoras. Este avance promovió la ilusión de automatización de tareas, pero también trajo preocupaciones sobre su posible uso para desinformación y manipulación.

Un año después, en 2020, DeepMind presentó Agent57, que superó a las personas en los 57 juegos clásicos de Atari, destacando por su adaptabilidad en situaciones con diferentes reglas y objetivos. Este avance sugirió la posibilidad de IA más versátil, que pudieran manejar diferentes tareas con eficacia.

En 2021, OpenAI presentó DALL-E, un modelo basado en GPT-3 que combina parejas de imágenes y texto, capaz de generar imágenes plausibles a partir de frases, abriendo la carrera de la IA generativa de imágenes. También, a finales de ese año, OpenAI lanzó ChatGPT, un sistema conversacional avanzado que puede generar diálogos, responder preguntas y proporcionar explicaciones de forma interactiva. Este lanzamiento representó un hito importante, similar a un restaurante automatizado que puede atender cualquier comanda y servir platos perfectamente preparados.

SECCIÓN 1.4: **Las dos inteligencias artificiales**

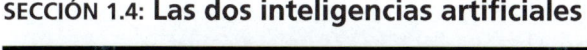

Imagen generada con Dall-E a través de ChatGPT: dos robots cocinando juntos bajo luces colgantes en una cocina moderna. Estilo futurista con ambiente cálido y detallado.

Para cerrar nuestro primer capítulo, distingamos entre dos tipos de IA, como dos estilos de cocina. La IA ha evolucionado a lo largo de los años, y su clasificación se ha dividido en dos categorías principales:

1. La IA estrecha se puede comparar con un cocinero especializado en una receta, como el cochinillo segoviano, pero incapaz de improvisar o cambiar de menú. Por

ejemplo, Deep Blue, el maestro del ajedrez que derrotó al campeón mundial en 1996, no podría competir en otros juegos como el parchís, ni hacer un huevo frito, ya que su programación estaba orientada al ajedrez.

2. Por otro lado, la IA general es como un chef que cocina desde una paella hasta sushi. Mientras que la primera se centra en tareas concretas, la segunda busca emular la versatilidad de la inteligencia humana. Ésta es quizás una de las mayores aspiraciones de investigadores en el campo, buscando que las máquinas tengan la capacidad de desenvolverse bien en diferentes dominios, de manera similar a cómo lo hace un ser humano. En lugar de ser expertos en una sola tarea, estas IA podrán adaptarse y aprender nuevas habilidades o pensar de manera abstracta. Una IA general podría, en teoría, planificar menús completos, gestionar inventarios de cocina, e improvisar recetas según las preferencias de los comensales.

Actualmente, algunas herramientas, como ChatGPT, sugieren un primer atisbo hacia el desarrollo de una IA general debido a su habilidad para interactuar y aprender de conversaciones en una amplia gama de temas. Sin embargo, estos sistemas aún enfrentan limitaciones, como comprender información contextual y aplicar conocimientos a situaciones completamente nuevas. Replicar la amplia gama de capacidades humanas en una máquina es una tarea extremadamente compleja. Además, la ética en el diseño y uso de estas tecnologías se ha convertido en una preocupación creciente. Las decisiones tomadas por sistemas autónomos podrían tener implicaciones en varios aspectos de las personas, si no se aplican criterios justos o éticos.

CAPÍTULO 2

Aprendizaje computacional

Imagen generada con Dall-E a través de ChatGPT: un robot steampunk con cabeza abierta recibiendo frutas e ingredientes de colores vibrantes, fusionando tecnología y creatividad en un entorno cálido.

Tras degustar la historia de la IA, en este capítulo saboreamos cómo aprenden las máquinas, como un cocinero que perfecciona su técnica. Dentro de las disciplinas de la IA, el aprendizaje máquina (del inglés *Machine Learning*) destaca por su popularidad en los últimos años, así como por impulsar una parte importante de los avances recientes en el campo. El aprendizaje computacional se centra en diseñar sistemas que usan su experiencia para mejorar en la manera de realizar tareas, sin estar directamente programados para cada una. A diferencia de sistemas tradicionales, que necesitan una descripción de cada paso a seguir en cada tarea, el aprendizaje computacional hace que éstos puedan adaptarse, aprender y evolucionar a medida que procesan más datos o adquieren experiencia. Esta disciplina puede compararse con un chef que no sigue fielmente los pasos y cantidades de un libro de recetas, sino que aprende observando y experimentando diferentes combinaciones de sabores. Con cada nuevo plato, se adapta y mejora según el resultado, volviéndose más hábil y versátil con cada elaboración.

Los ingredientes esenciales de estas recetas son algoritmos especializados que procesan datos o interactúan con su entorno, y con la capacidad de evaluar los resultados de las decisiones que toman. Estos algoritmos identifican patrones y tendencias para hacer predicciones o tomar decisiones de forma autónoma. Por ejemplo, un algoritmo de aprendizaje computacional puede predecir el clima analizando los patrones meteorológicos pasados, al igual que un chef puede anticipar la afluencia que tendrá su restaurante basándose en su experiencia previa con datos como días de la semana, temporada, eventos especiales y condiciones climáticas, entre otros.

En este capítulo exploramos la transición de la programación tradicional al aprendizaje computacional, presentando una visión de sus fundamentos, como los ingredientes básicos en una receta. En las siguientes secciones, presentaremos las diferentes variedades de técnicas que podemos encontrar en este menú, cada una adecuada para diferentes situaciones y propósitos, como un chef selecciona técnicas culinarias para cada plato.

SECCIÓN 2.1: **De la programación tradicional al aprendizaje computacional**

Imagen generada con Dall-E a través de ChatGPT: el humano codifica en entorno oscuro, mientras la IA futurista emerge, iluminando un mundo digital.

La programación tradicional, donde el programador codifica cada paso para que el computador realice acciones específicas, ha sido durante mucho tiempo el método principal para conseguir que las máquinas realicen tareas. Cualquier tarea que requiera cálculos precisos o instrucciones que puedan ser traducidas a un lenguaje de programación se beneficia de este enfoque. Por ejemplo, una calculadora, un procesador de texto, un sitio web o incluso un videojuego se basan, en muchos casos, en programación tradicional. A la hora de resolver un problema, un programador debe dar un conjunto de instrucciones precisas y detalladas, conocido como programa. Un programa puede compararse con una receta de cocina meticulosamente detallada, donde hasta el último miligramo de cada ingrediente, los segundos exactos de cocción y la secuencia de tareas están perfectamente detallados. Esta lista de pasos es necesaria, ya que el computador necesita instrucciones claras y concretas para funcionar correctamente.

En muchos casos, los programas dependen de valores de entrada para incluir en ellos información necesaria para funcionar. Cuando reciben estos datos, pueden ejecutar sus instrucciones y producir un resultado. Por ejemplo, si un programa diseñado para preparar arroz incluyera una instrucción como "añade 100 gramos de arroz por cada comensal", necesitaría saber el número de comensales para elaborar la receta. Ese número de comensales actúa como su valor de entrada. La Figura 1 ilustra el proceso de ejecutar un programa de computador mencionado.

Aunque la programación tradicional requiere un enfoque metódico, en el que el programador divida el problema en pasos más pequeños y establezca un procedimiento claro a seguir; este enfoque ha permitido la creación de programas que resuelven una amplia variedad de problemas, desde algoritmos en máquinas expendedoras hasta las leyes de la física en videojuegos, pasando por sistemas de navegación, programas de gestión bancaria, sistemas de reservas... En resumen, es una metodología efectiva en problemas donde se pueden especificar claramente los pasos de la "receta"

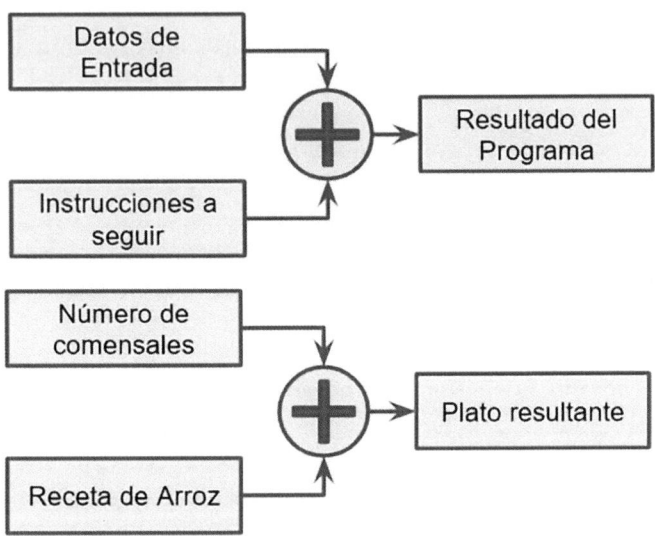

Fig. 1. Ilustración del proceso de obtener un resultado a partir de un método de programación tradicional.

para su solución. Pero a veces se encuentra con desafíos que limitan su capacidad. Estas limitaciones surgen en escenarios complejos o imprecisos, como:

- Visión por computador: La tarea de hacer que las máquinas "vean" y comprendan imágenes y videos es compleja. Los sistemas deben procesar los valores de todos los píxeles que componen una imagen, lo que hace prácticamente imposible definir un conjunto de instrucciones a seguir para realizar una tarea. Es como intentar explicar a alguien que nunca ha ido al mercado cómo diferenciar entre una dorada y una lubina usando solo palabras.

- Estimación del comportamiento humano: Las personas son impredecibles y su comportamiento está influenciado por una multitud de factores. Predecir acciones o reacciones humanas es una tarea que va más allá de simples reglas que se puedan enumerar y codificar. Es como intentar estimar cuántos platos de cada tipo se ordenarán en un restaurante sin tener ninguna información previa.

- Predicciones en entornos complejos: En situaciones donde la información es limitada y el entorno cambia constantemente, tomar decisiones acertadas es un desafío. Es como enseñar a alguien a cocinar sin permitirle oler, tocar los ingredientes o probar los platos para ajustar los sabores.

Es en estas situaciones donde el aprendizaje máquina toma importancia, dando una nueva manera de abordar los problemas. En lugar de intentar definir un conjunto de instrucciones, se le proporcionan a la máquina datos, y ésta utiliza algoritmos para "aprender" las instrucciones o las relaciones existentes en ellos. Por ejemplo, sería como dar a un chef con todos los ingredientes, y unas muestras del plato esperado en una cocina. Con el suficiente tiempo y ensayo y error, deducirá la receta. La Figura 2 ilustra cómo este enfoque reorganiza el método tradicional, no buscando directamente una solución, sino tratando de replicar el proceso de aprender a resolver el problema.

En la literatura, el aprendizaje automático suele dividirse en tres grandes categorías, que se parecerían a tres maneras diferentes de enseñar a un aprendiz de cocina. La primera de ellas es el aprendizaje no supervisado, cuyo objetivo es descubrir patrones y relaciones en los datos.

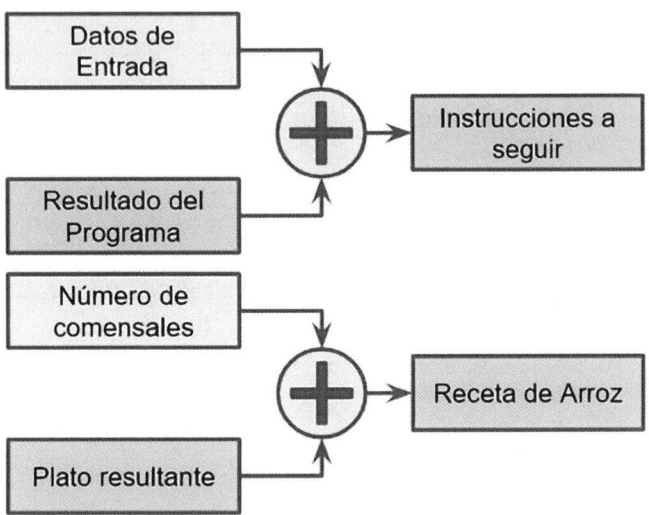

Fig. 2. Ilustración de un proceso de aprendizaje computacional.

Es como un alumno que estudia por cuenta, sin recibir evaluación alguna. Imagine que un estudiante quiere aprender sobre cocina, para lo cual se le permite entrar en un restaurante y observar su equipamiento y funcionamiento, pero nadie interactúa con él, ni le evalúa. Este aprendiz podría:

- Observar todos los ingredientes, utensilios y platos que hay en la cocina, y tratar de organizarlos, con más o menos acierto. Por ejemplo, al ver la variedad de especias y condimentos, podría notar que éstas pueden agruparse según aspectos como su color (las verdes por un lado...), su forma (en polvo, en grano, en hojas...) u otras características, resolviendo así, un problema de agrupación.

- Además, al observar el funcionamiento del restaurante, podría notar que cuando se prepara un postre, se usa un ingrediente guardado en un recipiente etiquetado como "AZÚCAR", mientras que para condimentar una carne se utiliza otro ingrediente muy similar, pero en su recipiente está escrita la palabra "SAL". En este caso, estaría descubriendo asociaciones entre ingredientes y cómo se utilizan en diferentes tipos de platos.

La segunda categoría es la del aprendizaje supervisado. Con este enfoque, el algoritmo aprende usando datos que incluyen ejemplos de entradas que podría recibir el sistema y las respuestas que nos debería dar. Es como un estudiante que tiene un mentor que comparte su experiencia. Pero, el mentor no da instrucciones precisas como "echar 1 gramo de sal por cada 200 mililitros de caldo", pero sí da ejemplos, como "a un 1 litro de caldo le añado 5 gramos de sal; a 5 litros le pongo 23 gramos...". El objetivo del aprendiz es encontrar la relación entre la cantidad de caldo y la sal a añadir, para usarla en el futuro ante nuevas situaciones. Con suficientes ejemplos, el aprendiz dominará el sazonado de caldos, independientemente de su cantidad. Aquí encontramos situaciones en las que el aprendiz debe dar una respuesta numérica, como los gramos de sal a añadir; o situaciones en las que está aprendiendo a dar respuestas no numéricas, como anticipar si a un cliente le va a gustar o no un plato.

La tercera categoría es el aprendizaje por refuerzo. En este enfoque el sistema decide qué hacer en diferentes situaciones para obtener el mejor resultado. El sistema adapta su comportamiento a aquello que le da mejores resultados en diferentes pruebas. Como al aspirante a chef

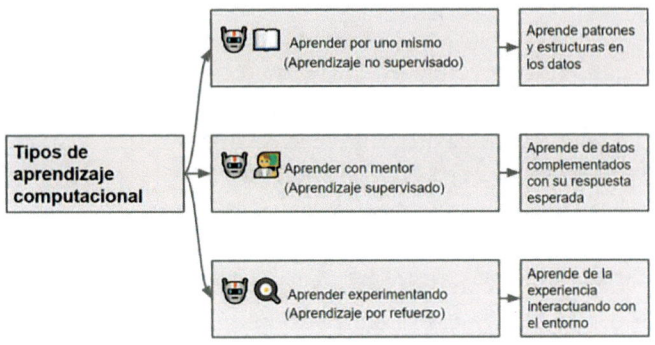

Fig. 3. Tipos de aprendizaje computacional.

que aprende experimentando para mejorar la satisfacción de sus clientes. Cada día añadirá un nuevo ingrediente o especia a su salsa y al final del día medirá el nivel de satisfacción de los comensales. Si la satisfacción es baja concluye que necesita cambiar las cantidades o ingredientes para el día siguiente; mientras que, si es alta, asume que la receta es correcta. Tras días de cocinar, servir y recopilar comentarios, el aprendiz habrá perfeccionado la receta.

La Figura 3 presenta los diferentes tipos de aprendizaje computacional, de una manera abreviada.

SECCIÓN 2.2: **Aprendizaje no supervisado - Aprender por uno mismo**

Imagen generada con Dall-E a través de ChatGPT: un robot steampunk en biblioteca gótica, leyendo un gran libro iluminado. Entorno místico con libros flotantes y arquitectura detallada.

Puede imaginar que entra en una cocina con una gran variedad de ingredientes y utensilios de todo el mundo, desconocidos para usted. Su objetivo es aprender sobre esa desconocida gastronomía de manera que pueda entender qué elementos podrían funcionar bien combinándolos en la creación de platos. Esto es similar a lo que hace el aprendizaje no supervisado en el mundo de la IA.

Descubrimiento de grupos

Una de las primeras tareas a la que podría enfrentarse es la de ordenar dicha cocina. Los algoritmos de agrupamiento resuelven este problema al organizar los elementos en grupos con propiedades comunes, pero diferentes de los de otros grupos. En esta cocina desconocida, usted podría comenzar separando "alimentos" de "instrumentos", para luego dividir los instrumentos "de madera", "de metal" y "los eléctricos"; posteriormente podría separar los alimentos por textura, color o tamaño... hasta conseguir que "los elementos de un mismo grupo sean similares entre sí y a la vez diferentes de los de otros grupos". Aunque el ejemplo se basa en ingredientes e instrumentos, estos métodos también se pueden aplicar para agrupar clientes por preferencias de menú o agrupar de días del año en función de la demanda de platos. En otros ámbitos, se usan para identificar patrones de gasto para detectar actividades fraudulentas, para agrupar consumidores según sus preferencias y comportamientos de compra, y mejorar estrategias de marketing, o para identificar regiones con características epidemiológicas similares y optimizar la distribución de recursos según las necesidades de cada grupo.

En el ámbito técnico, los métodos de agrupamiento se basan en medir numéricamente la diferencia que hay entre los elementos para así formar grupos. Por ejemplo, si necesitamos organizar uvas, cerezas y fresas y nos basamos en su forma y color, pondremos en el mismo grupo cerezas y fresas; mientras que, si usamos el sabor como criterio, podríamos agrupar las cerezas con las uvas. Además, algunos métodos necesitan el número de grupos a usar, como si tenemos un número concreto de cajones para organizar la cocina; mientras que otros estiman el número óptimo de grupos necesarios.

Descubrimiento de asociaciones

Una vez que la cocina está ordenada, el siguiente paso podría ser aprender a combinar los ingredientes. Sin conocer sus sabores, usted podría consultar diferentes libros de cocina para encontrar patrones en las combinaciones de alimentos y utensilios. Aunque no tenga experiencia, el observar cómo se usan los elementos en las recetas le ayudaría a identificar patrones comunes. Por ejemplo, es común que muchas recetas comiencen sofriendo cebolla, lo que lleva a una regla práctica: "cebolla → sofreír". De manera similar, la carne se suele condimentar con sal y pimienta antes de cocinarse, lo que crea otra regla: "carne → salpimentar". Estas reglas son unidireccionales; lo que quiere decir que, aunque la cebolla normalmente se sofríe y la carne se salpimienta, no todo lo que se sofríe es cebolla ni todo lo que se salpimienta es carne. Este tipo de métodos nos permiten extraer conocimiento básico que puede guiar incluso al más novato en la cocina, ayudándole a entender mejor los ingredientes y utensilios con los que trabaja.

En otros ámbitos, las reglas de asociación se usan para analizar productos que se suelen comprar juntos, para ofrecer descuentos personalizados; o para distribuir productos en tiendas o almacenes de una manera óptima. También pueden revelar asociaciones entre síntomas y enfermedades en el ámbito de la salud, o revelar patrones de consumo de energía asociados con diferentes condiciones climáticas o sociales.

Para extraer y evaluar reglas, los algoritmos suelen basarse en dos criterios principales. El primero es el soporte, y mide la frecuencia con la que los elementos de la regla aparecen juntos en los datos. Por ejemplo, analiza en cuántas recetas se combinan la cebolla y el ajo, o con qué frecuencia se sofríe la cebolla en nuestros libros de cocina. Por otro lado, el segundo criterio es la confianza, que evalúa la fiabilidad de una regla. Por ejemplo, en cuántas recetas de carne, esta se salpimenta, en comparación con el número de recetas donde se salpimenta algo (que no tiene por qué ser carne). Es importante entender que estos valores no necesariamente coinciden, pero son criterios que ayudan a encontrar reglas comunes, frecuentes y confiables.

SECCIÓN 2.3: **Aprendizaje supervisado - Aprender con un mentor**

Imagen generada con Dall-E a través de ChatGPT: a un anciano sabio que enseña magia culinaria a un robot aprendiz en un caldero mágico, en un entorno de fantasía medieval.

Imaginemos nuevamente esa cocina con ingredientes y utensilios desconocidos, donde se preparan platos igualmente desconocidos para nosotros. Ahora, nos piden preparar un tipo de legumbre que nunca hemos visto ni probado, pero nos indican que debe hervirse durante un tiempo específico para alcanzar la textura y sabor óptimos. Hervirlo poco tiempo lo dejará crudo, mientras que hervirlo demasiado lo cocerá de más, y perderá su consistencia. Aún sin tener una fórmula exacta para determinar el tiempo óptimo, usted podría recurrir a la experiencia de nuestro mentor y a los datos históricos para hacer una estimación. Así es como el aprendizaje supervisado puede ayudarnos a cocinar este ingrediente, siguiendo estos pasos:

- Recopilar Experiencia (Datos Históricos): El mentor le ha dejado información sobre cómo cocinar dicho ingrediente, según su tamaño, o calibre. Por ejemplo:

  - Calibre 1: tiempo óptimo de 25 segundos.
  - Calibre 4: 90 segundos.
  - Calibre 8: 155 segundos.
  - Calibre 13: 250 segundos.

- Estudiar la Relación (El Proceso de Aprendizaje): A partir de estos datos, se identifica un patrón, como que el tiempo óptimo es aproximadamente 20 segundos multiplicado por el calibre del ingrediente.

- Aplicar el Conocimiento (Predicción para nuevos datos): Al medir el tamaño del ingrediente a cocinar (calibre 10), se puede predecir que el tiempo de cocción óptimo sería de unos 200 segundos, usando la fórmula anterior.

Este proceso se ilustra de una manera visual en la Figura 4. Hay que tener presente, que los algoritmos necesitan gran cantidad de datos para comprender un patrón, a diferencia de las personas, que con pocas veces que vemos un ingrediente, o practicamos una técnica, seremos capaces de identificarlo o ejecutarla con eficacia.

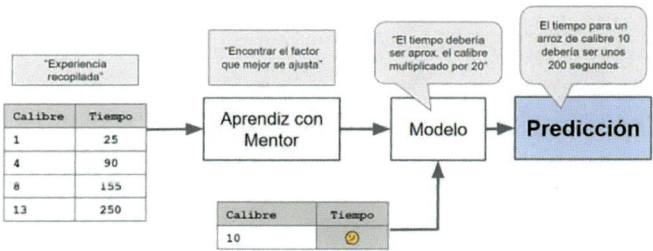

Fig. 4. Ejemplo ilustrado de un proceso de aprendizaje supervisado.

En este caso, se trabaja con datos etiquetados, lo que significa que se conoce tanto la entrada (calibre) como la salida esperada (tiempo óptimo dado por el mentor). Con eso, un algoritmo puede deducir la fórmula o regla para obtener el tiempo de cocción óptimo basándose en el calibre del ingrediente, y luego aplicar esa fórmula a otras situaciones. Lo interesante de este enfoque es que es independiente del problema a abordar; la misma lógica puede aplicarse para predecir el precio de venta de una vivienda, dadas sus dimensiones. También se puede usar en problemas con más información, como el tamaño del recipiente o la cantidad de agua utilizada, lo que podría mejorar nuestra estimación.

Los algoritmos supervisados se utilizan en diferentes aplicaciones del día a día, por ejemplo, para predecir la demanda de un servicio o producto en función de factores como el clima, tendencias de mercado, eventos especiales o comportamientos pasados de los consumidores. También se usan para prever el riesgo de que un usuario del banco incumpla con sus pagos, a partir de factores como el historial crediticio, ingresos, obligaciones financieras y comportamiento de pago.

En la literatura hay diferentes métodos para realizar este proceso de aprendizaje. Todos tratan de encontrar la receta que menos fallos produce al comparar sus estimaciones con los datos usados para aprender. Es decir, si el mentor ha dicho que el tiempo de cocción del calibre 4 es 90 segundos, pero el modelo sugiere 10 segundos, algo no estaría funcionando correctamente. A continuación, se presentan los principios básicos de diferentes métodos supervisados. Para ilustrar cómo funcionan, podría imaginar que se le nombra encargado del restaurante, y debe confeccionar el menú del día. Se le darán los ingredientes de los platos y tendrá que decidir si éstos serán entrantes, platos principales o postres. Tiene acceso a los menús de días pasados y los ingredientes que usaron:

- K-Vecinos más cercanos: El voto de los más parecidos. Con este método, miraría los platos de días anteriores que más se parecen al que tenemos que clasificar ahora. Si éstos fueron mayormente entrantes, entonces hay una buena posibilidad de que el nuevo plato también sea un entrante.

- Árboles de decisión: Los árboles de decisión tratan de crear un camino de decisiones a tomar basado en los menús anteriores. Podría comenzar con una pregunta "¿El plato contiene chocolate?" Si la respuesta es sí, es probable que sea un postre. Si no, la siguiente pregunta podría ser "¿Lleva carne?" y así sucesivamente hasta que el árbol le guíe a la categoría correcta.

- Métodos bayesianos, o estadísticos: Estos métodos calcularían la probabilidad de que un plato sea un entrante, principal o postre según cuántas veces aparece cada ingrediente en las categorías de los menús pasados. Por ejemplo, si el plato lleva azúcar, la probabilidad de que se trate de un postre sería mayor a la probabilidad de que se trate de un plato principal; y al contrario si llevara carne.

- Redes Neuronales: Estos modelos matemáticos imitan la estructura y los modos de aprender del cerebro humano (con limitaciones). Puesto que gozan de popularidad y son comunes en las aplicaciones recientes de la IA, dedicaremos un capítulo más adelante a éstas.

- Aprendizaje por conjuntos: Estos métodos combinan las opiniones de varios métodos para llegar a un consenso sobre la categoría del plato. Como un grupo de expertos de diferentes especialidades que debaten y ponen sus conocimientos en común para decidir el resultado final.

SECCIÓN 2.4: **Aprendizaje por refuerzo - Aprender experimentando**

Imagen generada con Dall-E a través de ChatGPT: a un robot aprendiz practicando cocina mágica, experimentando recetas en una biblioteca encantada, rodeado de libros y pociones místicas.

Se considera un chef que quiere perfeccionar una receta. No puede seguir un manual, pero sabe cuándo le ha salido bien el plato por los elogios que recibe y cuándo necesita mejora, por las críticas. Este proceso de prueba, error, y ajuste según la información recibida es similar al aprendizaje por refuerzo. Una de las diferencias con el aprendizaje supervisado es que no se basa en datos (recetas previas) de los que aprender, sino en la propia experiencia de prueba y error realizada hasta encontrar la receta perfecta. En el aprendizaje por refuerzo, tenemos un agente (nuestro chef) que toma decisiones en un entorno (su cocina). Cada acción tendrá un resultado que puede ser positivo (recompensa, un elogio) o negativo (penalización, la crítica). El agente recuerda aquello que le dio elogios en el pasado para repetir recetas de éxito y evita aquello que le trajo críticas.

Así pues, en el aprendizaje por refuerzo, el proceso sigue un ciclo continuo en el que el chef toma decisiones y recibe elogios o críticas según el resultado. De una manera sencilla, identificamos cinco pasos:

1. Observar el entorno: El chef observa el estado actual del entorno, como el de la carne en la sartén que aún está cruda, lo que guía las decisiones siguientes.

2. Tomar decisiones: El chef decide cocinar la carne 5 minutos más. Puede basarse en su experiencia o en una estrategia experimental si está aprendiendo.

3. Realizar la acción: El chef cocina la carne y espera el resultado.

4. Recibir recompensa o penalización: Si la carne se ha quemado, la penalización es negativa. Si está bien cocida, la recompensa es positiva, como elogios o buenas críticas.

5. Ajustar la estrategia: El chef ajusta su estrategia según el resultado. Si la carne se quemó, la próxima vez reducirá el tiempo de cocción o usará una temperatura más baja.

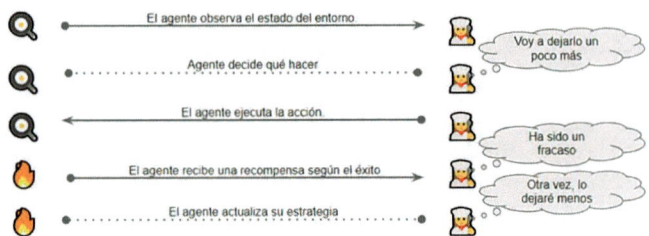

Fig. 5. Ilustración de un ejemplo de un ciclo dentro de un proceso de aprendizaje por refuerzo.

Este proceso se presenta de una manera visual en la Figura 5.

En el aprendizaje por refuerzo, los entornos donde el agente interactúa pueden variar en función de las características del problema a resolver.

- Hay cocinas donde se tiene acceso a toda la información necesaria para tomar decisiones, mientras que en otras sólo se puede observar una parte del entorno, como un horno con puerta opaca que limita la visibilidad; lo que significa tiene acceso a información parcial.

- Hay cocinas predecibles, mientras que en otras ocurren eventos inesperados, como una batidora que a veces no funciona; lo que introduce incertidumbre.

- Hay cocinas en las hay un número limitado de opciones (encender la vitrocerámica a niveles del 1 al 5); mientras en otras hay un número infinito de posibilidades (cocinar la carne desde 1 segundo, hasta 5 horas).

- Hay cocinas en las que el chef no tiene interferencias, mientras que en otras varias personas trabajan a la vez. Esto puede llevar a situaciones colaborativas, donde todos buscan el mismo objetivo, como chefs que cada uno tiene que preparar un plato diferente. Pero también hay situaciones competitivas, si no hay ingredientes para que todos hagan su receta. Por otro lado, puede haber situaciones de coordinación, donde cada uno necesita que otro cumpla su tarea, por ejemplo, si cada persona fuera encargada de controlar un utensilio de cocina, o un paso de la receta.

En resumen, los diferentes entornos en el aprendizaje por refuerzo pueden presentar una variedad de desafíos para los agentes, que deben adaptarse a diferentes niveles de información, certidumbre, opciones y dinámicas. Reconocer estas variaciones ayuda a los investigadores a diseñar estrategias efectivas y flexibles a diferentes situaciones.

CAPÍTULO 3

Redes neuronales y aprendizaje profundo

Imagen generada con Dall-E a través de ChatGPT: a un robot absorbiendo todo el conocimiento culinario, de una manera épica de un libro mágico, en estilo de carta de juego de rol, con utensilios flotantes y energía luminosa en colores vibrantes, en un ambiente místico y dinámico.

Después de haber visto el aprendizaje computacional, podemos degustar las redes neuronales, ingrediente básico de las técnicas de aprendizaje profundo (del inglés *Deep Learning*). Las redes neuronales engloban un conjunto de algoritmos inspirados en el funcionamiento del cerebro humano, emulando cómo las neuronas se interconectan y procesan información a través de sinapsis, lo que nos da la capacidad de aprender a realizar tareas de gran complejidad. Por ejemplo, el simple acto de picar una cebolla implica coordinar las manos, calcular la fuerza a aplicar y ser preciso en el corte. Esta tarea requiere la coordinación de alrededor de 20 músculos, incluyendo dedos, manos, muñecas, antebrazos y brazos, todos controlados por una red de señales entre nervios, cerebro y músculos. En sus primeras etapas, las redes neuronales tenían dificultades para encontrar aplicaciones prácticas. Pero con mejores computadoras y métodos más eficientes, estos métodos han demostrado ser útiles y efectivos en tareas complejas. Hoy en día, son el "cerebro" detrás de muchos de los avances más reconocidos de la IA.

Dedicamos un capítulo a las redes neuronales no solo por su gran impacto reciente, sino también por su versatilidad. Estos métodos no se limitan a un tipo de aprendizaje; se pueden usar para aprendizaje supervisado, no supervisado y por refuerzo. Esto es similar a un aprendiz que puede ser instruido para realizar cualquier tarea o plato usando cualquiera de las metodologías comentadas anteriormente.

SECCIÓN 3.1: **Redes Neuronales -**
El cerebro del aprendiz

Imagen generada con Dall-E a través de ChatGPT: una ilustración de un pergamino antiguo en una cocina, con un cerebro mecánico con engranajes y circuitos en estilo steampunk.

Una neurona biológica es una célula especializada del sistema nervioso que transmite señales eléctricas. La neurona recibe impulsos a través de sus dendritas, que se unen en el cuerpo celular y, en caso de alcanzar un determinado umbral, genera otra señal eléctrica que viaja por el axón hasta otras neuronas, continuando así el complejo proceso de comunicación. De una manera

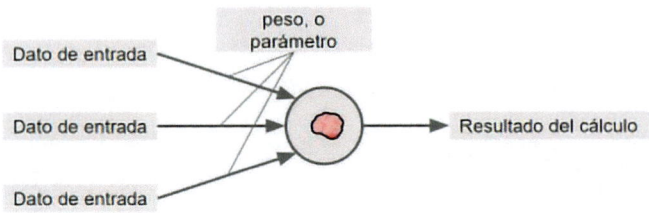

Fig. 6. Esquema básico de la estructura de una neurona artificial.

análoga, las neuronas artificiales reciben datos de entrada y realizan cálculos sencillos, enviando el resultado a otras neuronas artificiales. La fuerza de cada conexión entre neuronas, conocida como peso (o parámetro), es ajustable y determina cuánto influye una neurona sobre otras. Durante el aprendizaje, los pesos se ajustan para mejorar la capacidad de la red de resolver el problema entre manos. El esquema de una neurona artificial puede verse en la Figura 6.

Estas neuronas normalmente se organizan en grupos o capas, como puede verse en la Figura 7. Estas capas reciben sus entradas de capas anteriores y envían sus salidas a las siguientes. La primera de las capas se llama capa de entrada y recibe los datos a procesar. La última capa se conoce como capa de salida, y es la encargada de generar la respuesta o resultado de la red. El resto de las capas se denominan capas ocultas, y procesan la información en etapas sucesivas, enviando sus resultados a las posteriores. Además, es importante el mecanismo que decide si una neurona se activa o no, lo que se denomina función de activación y actúa como un filtro que revisa la información recibida por la neurona y decide si es suficiente para activarla. Existen varios tipos de funciones de activación,

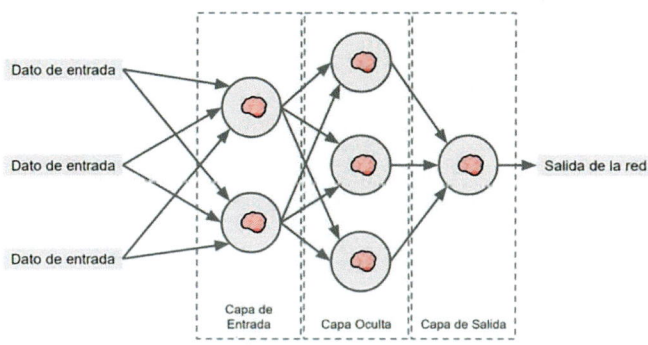

Fig. 7. Esquema básico de una red neuronal.

y elegir una u otra puede cambiar la eficacia con la que la red aprende.

Otro aspecto importante es cómo la red aprende a realizar una tarea. Generalmente, la red toma un dato, lo procesa capa a capa y genera una salida; luego, esta salida se compara con el resultado esperado como correcto (en un entorno de aprendizaje supervisado, o con mentor); si hay un error, se usa esa información para ajustar los pesos de las conexiones entre neuronas. Aunque estos mecanismos se implementan mediante fórmulas matemáticas complejas, son sólo una simplificación de los procesos biológicos y químicos que ocurren en el cerebro y el sistema nervioso. Una red neuronal se parece al cerebro humano tanto como las alas de un avión se parecen a las de un faisán. Sin embargo, este enfoque es eficaz para abordar muchas tareas de alta complejidad.

El aprendizaje profundo puede considerarse como una versión más avanzada de las redes neuronales. Utiliza redes mucho más grandes y con muchas más capas, neuronas y pesos, lo que permite aprender a realizar tareas complejas de una manera eficaz. Además, existen múltiples arquitecturas de redes que se pueden adaptar a diferentes tipos de problemas. Sin embargo, estos métodos requieren de más datos y más tiempo de cómputo para aprender, lo que puede suponer un reto en términos de viabilidad económica y computacional.

Redes neuronales convolucionales

Las redes convolucionales son un tipo especial de red neuronal pensada para trabajar con información organizada en forma de cuadrícula, como las imágenes, que pueden verse como una matriz donde cada casilla representa, con números, el color de un píxel de la imagen. Estas redes usan información de píxeles cercanos para identificar texturas, formas y objetos en las imágenes. Lo que las ha hecho útiles para reconocer objetos en imágenes, resultando cruciales para la visión por computador.

Una diferencia entre éstas y las redes tradicionales está en cómo procesan la información. Estas redes usan convoluciones, un proceso que filtra los píxeles de las imágenes para extraer detalles importantes como bordes o esquinas. Usando diferentes convoluciones se pueden extraer detalles cada vez más complejos y sofisticados. Como si tratamos de distinguir visualmente entre frutas: primero nos fijamos en formas básicas y colores, luego observamos detalles como la textura o marcas distintivas, con lo podemos determinar exactamente de qué fruta se trata. Otro mecanismo común son las capas de agrupamiento, que reducen el tamaño de las imágenes para retener sólo los detalles más relevantes. Mientras las convoluciones filtran información como un tamiz que elimina impurezas, las capas de agrupamiento actúan como al reducir una salsa, concentrando sabores. Estas capas se organizan para extraer, combinar y reconocer estructuras cada vez más complejas en imágenes, lo que las hace muy efectivas.

Redes neuronales recurrentes

Las redes recurrentes son otro tipo especial, en este caso diseñadas para trabajar con secuencias de datos, como información organizada temporalmente, o textos (secuencias de palabras). Su principal característica es su capacidad de recordar información previa, para permitir que los datos anteriores influyan en el procesamiento de los actuales. Como tener memoria sobre eventos pasados, que es fundamental para comprender relaciones contextuales. Por ejemplo, para entender el significado de la palabra "mango", es necesario comprender el contexto previo. No es lo mismo "pelar y trocear el mango" que "coger el cuchillo por el mango".

En las redes recurrentes, también hay tipos especiales de capas para mejorar su rendimiento. Dos de las más significativas son las unidades de puerta recurrente y las unidades de memoria a largo y corto plazo. Ambas emulan mecanismos para controlar lo que la red recuerda y olvida para el futuro, asegurando no perder el hilo dentro de la secuencia. Imagine que sigue la receta de un pastel, donde cada paso depende de los anteriores. Si olvida añadir los huevos antes de mezclar la harina y el azúcar, o si no recuerda que ya puso vainilla, el resultado será un desastre. De una manera similar, estas redes trabajan con datos secuenciales, recordando información previa para predecir o condicionar la siguiente decisión, para que el resultado final sea coherente y preciso.

Aprendizaje por refuerzo profundo

El aprendizaje por refuerzo profundo es una variante de la metodología del "aprender experimentando". La diferencia es que incorpora redes neuronales en lugar de métodos más simples en el proceso de aprendizaje por prueba y error, lo que le permite desenvolverse en situaciones complejas, dinámicas o con un número alto de posibles opciones entre las que elegir. Un enfoque común en este tipo de aprendizaje es el de usar redes neuronales para estimar las recompensas de las posibles acciones y tomar decisiones basadas en ello. Otro enfoque consiste en dividir el sistema en dos partes: una que decide y lleva a cabo las acciones (actor) y otra que las evalúa (crítico), lo que mejora la eficiencia del aprendizaje; como poner a un crítico de cocina al lado del aprendiz.

Un enfoque particular dentro del campo es el aprendizaje por refuerzo con retroalimentación humana, en el que las personas dan orientación al agente según su juicio y experiencia. Este método es útil cuando es difícil calcular numérica y objetivamente un valor que exprese la calidad de las decisiones tomadas. Si estuviéramos creando un sistema capaz de cocinar que tuviera que basarse en cómo de delicioso está el plato resultante, la recompensa se obtendría usando los votos o valoraciones de una serie de comensales; en lugar de depender de sensores para medir el sabor y complejas fórmulas para determinar numéricamente el significado de "delicioso". Este aprendizaje tiene un papel importante en la construcción de los actuales *chatbots* de IA, ya que se usan evaluadores humanos que ayudan al sistema a estimar aspectos de las respuestas como cuánto de apropiada o acertada son sus respuestas; lo que les permite mejorar en futuras respuestas.

SECCIÓN 3.2: **Redes generativas - Preparando trampantojos**

Imagen generada con Dall-E a través de ChatGPT: un robot con apariencia infantil en una cocina oscura y fantástica, presentando una hamburguesa hecha de bloques. Estilo mezcla de lo lúdico y lo retrofuturista.

En cocina, los chefs a menudo emplean técnicas de trampantojo para sorprender a sus comensales, creando platos que engañan al ojo y al paladar simulando ser algo que no son. Esta técnica tiene su paralelismo en la IA con las de redes generativas. Como preparar un postre que parece un huevo frito o un pastel que parece una esponja, estas redes generan imágenes, textos u otros formatos de manera artificial, pero tan realistas que no podamos diferenciar si son creados por una máquina o una persona.

En esta sección, hablaremos de dos tecnologías clave dentro de las técnicas generativas. La primera simula una competición de dos redes en un juego de engaño y detección: una genera contenidos intentando que sean realistas, mientras que la otra intenta detectar las falsificaciones de la primera. La segunda técnica corrompe gradualmente datos reales y luego aprende a revertir este proceso. Ambos mecanismos son efectivos para la generación de contenido realista, desde imágenes y textos hasta audio y vídeo.

Redes generativas adversarias

Las Redes Generativas Adversarias son un tipo particular de método que enfrenta dos redes entre sí: el generador y el discriminador.

- El generador intenta crear contenidos nuevos, intentando que sean realistas, y así engañar al discriminador para que no pueda distinguir si se trata de algo real o artificial.

- Por otro lado, el discriminador tiene que identificar si los contenidos recibidos son reales o falsos, es decir, creados por el generador.

En cada intento, el generador mejora su técnica de creación de contenido, a la vez que el discriminador también mejora su capacidad de detección de falsificaciones. Esta competencia se repite, de manera que algunas veces

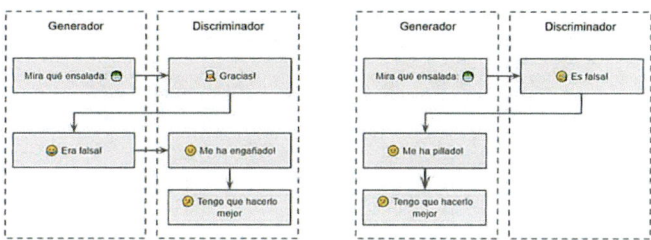

Fig. 8. Ilustración de un proceso de competencia entre generador y discriminador. A la izquierda, el generador logra engañar al discriminador, mientras que, a la derecha, el discriminador identifica la imitación hecha por el generador.

el generador logra engañar al discriminador, que tendrá que mejorar para descubrir imitaciones (en la Figura 8, a la izquierda); mientras que otras veces el discriminador detectará la imitación del generador, que deberá refinar su técnica (en la Figura 8, a la derecha). Este proceso hace que el generador evolucione hasta ser capaz de crear resultados realistas de manera automática, indistinguibles de los reales. Además, estas redes se ajustan para asegurar que ni el generador ni el discriminador se adelanten demasiado el uno al otro en su aprendizaje, para mantener un equilibrio y que ambos mejoren de manera efectiva.

Imagine a un aprendiz de cocina que intenta engañar a su maestro con un plato que parece una ensalada, pero que es un postre elaborado con ingredientes presentados cuidadosamente para simular vegetales y aderezo. En cada intento, el aprendiz mejora su habilidad para combinar colores y texturas, mientras que el maestro perfecciona su capacidad para detectar detalles que revelan la verdadera naturaleza del plato, desafiando al aprendiz a perfeccionar.

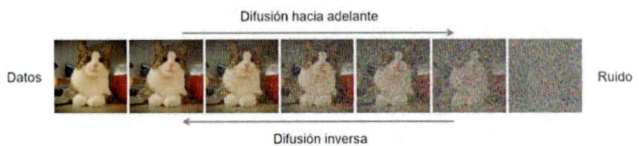

Fig. 9. Ilustración de un proceso de difusión (Fuente[8])

Modelos de difusión

Los modelos de difusión usan un enfoque basado en añadir errores a los datos o contenidos, para luego aprender a corregirlos y restaurarlos a su versión original. Primero, se realiza un paso de "difusión hacia adelante", donde se añade ruido al contenido original, como si modificamos los píxeles de una imagen hasta que no podamos reconocer nada en ella. Luego, a través del proceso de "difusión inversa", una red neuronal trata de aprender a eliminar ese ruido progresivamente, hasta recuperar el contenido original. En la Figura 9 se ilustran estos dos procesos aplicados a la generación de imágenes, la difusión hacia delante convertiría la imagen de la izquierda progresivamente en la de la derecha, mientras que el proceso de difusión inversa aprendería a revertir el proceso[8].

El tipo de red neuronal que se utiliza generalmente es una convolucional, que conecta sus capas a diferentes niveles (podemos visualizarlo como que la primera capa se conecta con la segunda y con la última, la segunda capa se conecta con la tercera y con la penúltima, y así sucesivamente), lo que ayuda a mantener detalles importantes mientras elimina errores. A medida que se entrena, el

---

8   Denoising Diffusion-based Generative Modeling: Foundations and Applications. https://cvpr2022-tutorial-diffusion-models.github.io/

modelo es capaz de reconstruir imágenes a partir de un caos de píxeles. Además de para generar imágenes, estos principios se utilizan para eliminar ruido e imperfecciones, ampliar la resolución o manipular imágenes. Por otro lado, estos principios también son usados para aplicaciones de eliminación de ruido en audio o generación de audio y vídeo, así como conversión de una instrucción de texto a una imagen.

Imagine un aprendiz de cocina que intenta mejorar su técnica de emplatado utilizando como referencia una serie de platos perfectamente preparados por su chef. Durante el proceso de difusión hacia adelante, el aprendiz desmontará todos los platos y esparcirá los ingredientes por la cocina sin ningún orden aparente. Luego, en el proceso de difusión inversa, trataría de reconstruir los platos originales a partir de los ingredientes desordenados

SECCIÓN 3.3: **Conceptos avanzados - Cocina de vanguardia**

Imagen generada con Dall-E a través de ChatGPT: un robot chef estilo steampunk que inspecciona minuciosamente un plato con una lupa en una cocina retrofuturista. En un ambiente detallado y metálico.

En esta sección, se van a explorar tres conceptos fundamentales en el desarrollo de la IA actual: los mecanismos de atención, los transformadores y los procesos de ajuste de modelos. Estos conceptos se pueden comparar con la cocina de vanguardia de la IA, donde los chefs utilizan técnicas innovadoras para transformar ingredientes básicos en platos excepcionales. Los mecanismos de atención y los transformadores seleccionan y optimizan la información relevante, cómo un chef equilibra sabores y texturas. Los autocodificadores condensan y restauran información, como un chef que concentra sabores para intensificar su impacto en un plato. Finalmente, los procesos de ajuste de modelos permiten reutilizar las habilidades de los modelos en una tarea para otra, como un chef que tras dominar un tipo de cocina puede adaptarse fácilmente a otro estilo.

Arquitecturas de atención y transformadores

Las arquitecturas de atención y los transformadores, a diferencia de otras redes que procesan información de forma secuencial (como las recurrentes), utilizan mecanismos para identificar las partes importantes dentro de la información de entrada. Esto les permite procesar grandes cantidades de información de una vez y determinar qué partes son relevantes para la tarea a realizar; lo que es importante para realizar eficazmente tareas donde el contexto es importante. Por ejemplo, traducir un texto, responder a una pregunta, hacer un resumen, generar subtítulos de manera automática no podrían realizarse de manera efectiva sin una comprensión del contexto de las palabras que se están analizando.

La atención es un mecanismo que funciona como un marcador que subraya las partes importantes de la información, y descarta las menos relevantes, seleccionando a qué partes prestar más atención en cada momento, valga la redundancia. Con el entrenamiento, las redes aprenden a realizar el proceso de atención de manera autónoma, es decir, qué información es importante en cada momento de la tarea. La atención es como el chef de un restaurante de alto nivel, donde múltiples platos se preparan simultáneamente, cada uno requiriendo atención en momentos concretos para asegurar calidad y entrega a tiempo. Por ejemplo, para traducir la frase "el camarero nos dio la cuenta", a la hora de traducir la palabra "factura", el modelo debe prestar atención a la palabra "camarero", por lo que la traducción correcta sería *bill*, en lugar de *account*, que se refiere a una cuenta bancaria.

Los transformadores se suelen organizar en estructuras de codificador y decodificador (autocodificadores, que veremos pronto), aunque algunos modelos pueden incluir sólo uno de estos elementos. El codificador comprime la información en una representación basada en números que el decodificador utiliza para generar su salida. El codificador es como el ayudante que prepara y organiza todos los ingredientes (información), y el decodificador es como el chef principal que los combina para finalizar el plato.

El tercer aspecto fundamental es el uso de aprendizaje por transferencia (que también veremos pronto). El modelo se entrena inicialmente con grandes cantidades de información para adquirir un conocimiento generalizado, y luego se puede adaptar a tareas más concretas, con menos datos. Como un chef experimentado que solo necesita ajustes menores para perfeccionar un nuevo plato. Arquitecturas basadas en transformadores, como BERT y GPT, han impactado considerablemente en el campo del procesamiento del lenguaje natural, por su habilidad de tener en cuenta información contextual a la hora de realizar tareas.

Autocodificadores

Los autocodificadores (referidos en inglés como *autoencoders*) son un tipo de arquitectura de aprendizaje autodidacta (no supervisado) que usa redes neuronales para comprimir información y luego descomprimirla a su forma original de la manera más precisa posible (de una manera un tanto similar a los modelos de difusión). Un autocodificador tiene dos partes: el codificador, que reduce la información a un formato más pequeño, y el decodificador, que intenta restaurar esta información comprimida a su estado original. La principal meta del sistema es encontrar una forma más simple y compacta de representar la información original. Por ejemplo, una manera compacta de representar la información podría compararse con el proceso de deshidratación de alimentos, dado que reduce su tamaño y peso al eliminar el agua. Luego, como un decodificador, rehidratar estos alimentos devuelve su volumen y textura anteriores, manteniendo las características esenciales.

Una aplicación típica de estos modelos está en la compresión de imágenes y audio, donde pueden reducir el tamaño de archivos grandes sin perder información. También son útiles en la detección de anomalías; al familiarizarse con información "normal", cualquier nuevo dato que no pueda ser reconstruido con precisión, se puede considerar anómalo, lo cual es práctico para aplicaciones, como la detección de fraudes. Además, los autocodificadores pueden ser usados en aplicaciones generativas, para crear contenidos que sean similares a los vistos durante el entrenamiento, como imágenes o música.

Ajuste fino y aprendizaje por transferencia

Más allá de su eficacia en muchas aplicaciones, una ventaja de las redes neuronales es su modularidad y organización por capas, lo que les permite aprender de la experiencia con nueva información, simplemente actualizando los pesos de sus conexiones. Esto facilita la reutilización de redes ya entrenadas para nuevos problemas o tareas, adaptando sólo algunas partes de la misma para el nuevo propósito. Podemos decir que, en lugar de aprender desde cero, se aprovecha el conocimiento adquirido y lo adapta a otro contexto.

Existen dos procesos clave para aprovechar esta ventaja: el ajuste fino (del inglés *fine-tuning*) y el Aprendizaje por Transferencia (del inglés *transfer learning*). En ambos casos, se toma una red previamente entrenada para una tarea y se ajusta para abordar una nueva, generalmente relacionada con la original. Es como un restaurante que modifica la receta base de una pizza Margarita para crear otras variantes, añadiendo ingredientes o cambiando el tiempo de horneado. O como un chef especializado en comida italiana que quiere explorar la cocina japonesa; que puede utilizar sus habilidades generales, como el manejo de utensilios, pero debe aprender nuevas habilidades específicas.

Tanto el ajuste fino como el aprendizaje por transferencia parten de una red entrenada previamente para una tarea, diferenciándose en cómo se ajustan para la nueva. Mientras que en el ajuste fino se modifican los pesos de todas las capas, en el aprendizaje por transferencia se ajustan únicamente las capas finales, permaneciendo las iniciales intactas. Por ejemplo, un sistema entrenado para reconocer ingredientes en una cocina puede ajustarse para especializarse en reconocer tipos, orígenes y calidades de legumbres. En este caso, el conocimiento del modelo inicial sobre formas, tamaños, texturas y colores se puede utilizar para la nueva tarea, haciendo que sean necesarios menos datos y recursos computacionales para el entrenamiento.

CAPÍTULO 4

Procesamiento del lenguaje natural

Imagen generada con Dall-E a través de ChatGPT: un robot estilo steampunk en cocina mística procesando texto como ingrediente principal, rodeado de rollos de papel en una biblioteca oscura. Estilo retrofuturista.

El procesamiento del lenguaje natural es una disciplina que se centra en cómo las computadoras entienden el lenguaje humano, tal y como lo hablamos y escribimos; al igual que traducir nuestro idioma para alguien que no lo habla, las técnicas de procesamiento tratan de hacer lo mismo entre personas y computadoras. Estos procesos implican traducir palabras y frases a un formato que las computadoras puedan entender y con el que puedan operar para realizar tareas como responder preguntas, resumir textos o traducir entre idiomas. No se trata sólo de intercambiar palabras, sino de entender el significado completo de lo que se quiere comunicar. Una vez que el computador nos ha entendido, puede realizar múltiples operaciones, como clasificar textos, como los detectores de *spam* de los correos electrónicos; clasificar palabras para localizar nombres de personas, organizaciones, lugares o fechas en los textos; responder a preguntas mediante la búsqueda de las respuestas en bases de datos o Internet; o generar texto, para crear contenido para sitios web u otros medios.

En lenguaje natural, trabajaremos con información que se conoce como no estructurada. A diferencia de la estructurada, que se organiza en tablas o se representan mediante números, el texto es irregular y está lleno de sutilezas y ambigüedades; como variaciones en las formas gramaticales, jergas, ironías y metáforas. Es por esto que representa un desafío para las máquinas, que requieren precisión y claridad.

SECCIÓN 4.1: **Preparación de texto - Preparando los ingredientes**

Imagen generada con Dall-E a través de ChatGPT: robots en cocina estilo retrofuturista, preparando texto en lugar de ingredientes, utilizando herramientas precisas y organizando rollos meticulosamente.

La preparación del texto a procesar es un paso fundamental. Este proceso implica tareas diseñadas para estandarizar y limpiar el texto, que puede haber sido recopilado de diferentes fuentes, como libros, publicaciones en internet, documentos y reseñas de productos. Al igual que un chef limpia y prepara el pescado, eliminando espinas e impurezas, el texto debe ser refinado para un uso efectivo. Algunas de estas tareas incluyen:

- Convertir texto a minúsculas: Cambiar todas las letras a minúsculas, para reducir el número de variaciones de palabras como "Manzana", "manzana" y "MAN-ZANA", y facilitar el análisis.

- Eliminar acentos y diacríticos: Se eliminan para simplificar palabras; "café" se convierte en "cafe", reduciendo el número de variantes.

- Eliminar caracteres especiales y signos de puntuación: Conservar solo letras y números, eliminando símbolos como "@", "#", y "$" para disponer de un texto más estándar sobre el que trabajar.

- Filtrar números: Se eliminan dígitos para enfocarse en el contenido textual. Por ejemplo, "2 manzanas" se convierte en "manzanas".

- Eliminar emojis: Se quitan para centrar el análisis en texto escrito, evitando interpretaciones erróneas de caracteres como ♂ o 🍽 en el análisis.

- Corregir errores ortográficos: Para mejorar la calidad del texto corrigiendo palabras como "queso" mal escrita como "quso", permitiendo que el análisis sea más fiable.

Estas tareas son sólo ejemplos de cómo se puede limpiar el texto antes de procesarlo. Cada tarea concreta requerirá de técnicas concretas para adaptarse a las particularidades de la misma, igual que en la cocina se ajustan cantidades y tiempos según la receta. Por ejemplo, para analizar menús, podría ser importante conservar los dígitos, así como símbolos como "€" para poder comprender los precios de una manera adecuada.

Otra tarea común para preparar el texto es la de eliminar las *stopwords*, que son palabras que aparecen con frecuencia, pero que aportan poco significado, por lo que carecen de importancia para comprender el contenido del mensaje. Artículos, preposiciones, conjunciones y pronombres son algunos ejemplos de *stopwords*, como en la frase "corta el tomate en rodajas", "el" y "en" son *stopwords*, y podrían eliminarse sin afectar al mensaje principal: "corta tomate rodajas". Por ejemplo, la primera frase de este párrafo quedaría sin *stopwords* en algo como "tarea común preparar texto eliminar *stopwords*, palabras aparecen frecuencia, aportan poco significado, carecen importancia comprender contenido mensaje", que nos permitiría hacernos una idea del concepto. Otras técnicas de preparación son el *stemming* y la lematización. El *stemming* recorta palabras sin considerar su semántica; "salteando" se reduciría a "salt". La lematización identifica la raíz de la palabra, así pues, "salteando" se reconocería como una forma del verbo "saltear", manteniendo su significado.

SECCIÓN 4.2: **Codificación del texto**

Imagen generada con Dall-E a través de ChatGPT: un robot samurái chef en estilo anime, troceando texto en pequeños fragmentos, creando una intensa lluvia de papel volando.

Después de limpiar y preparar el texto, el siguiente paso es representarlo de una forma que las computadoras puedan procesarlo. Para un computador, las palabras "pasta" y "pasa" serían prácticamente similares, porque solo se diferencian en una letra; mientras que "pasta" y "macarrones" parecerían completamente distintas. A diferencia de las personas, las computadoras funcionan mejor con números y trabajan mejor con operaciones matemáticas, por lo que el texto se deberá de codificar numéricamente. Antes de realizar esa conversión, hay que dividir el texto en unidades más pequeñas, como un chef que trocea el pollo antes de cocinarlo. Por ejemplo, si tomamos la frase "Me gusta el helado", una partición simple partiría la frase en cuatro palabras a procesar: "Me", "gusta", "el" y "helado".

Los métodos básicos para partir el texto lo hacen según espacios o signos de puntuación, dividiéndolo así en palabras o frases. El modelo de bolsa de palabras, o *Bag of Words* en inglés, trata los textos como una colección de palabras, sin considerar su orden o estructura, enfocándose en el número de veces que una palabra aparece en un texto. Para ilustrarlo, usamos el conjunto de cinco platos que aparece en la Tabla 1. Usando la bolsa de palabras, cada palabra ocuparía una columna en la tabla. Las filas representarán los platos, y cada casilla se rellena con un 1 ó 0 según si la palabra específica aparece o no en el plato. Las *stopwords* se habrían eliminado para centrarnos únicamente en las palabras relevantes.

	Pollo	Curry	Garbanzos	Asado	Patatas	Arroz
Pollo al curry	1	1	0	0	0	0
Curry de garbanzos y pollo	1	1	1	0	0	0
Pollo asado con patatas	1	0	0	1	1	0
Arroz al curry	0	1	0	0	0	1
Arroz con pollo	1	0	0	0	0	1

Tab. 1. Cálculo de *Bag of Words* para un conjunto de cinco nombres de platos.

Con esta tabla, el computador puede realizar cálculos para comparar platos. Por ejemplo, "Pollo al curry" se parece al "Curry de garbanzos y pollo" porque sólo se diferencian en una palabra; o "Pollo asado con patatas" no tiene nada en común con el "Arroz al curry". Éste es sólo un ejemplo, pero aplicando este concepto a mayores cantidades de textos (todo un recetario) más largos (la receta completa), nos permite analizar técnicas o ingredientes, agrupar recetas similares, o analizar patrones en el texto de las recetas, entre otras.

Una extensión de la bolsa de palabras son los N-gramas, que tienen en cuenta secuencias consecutivas de un determinado número de palabras en el texto. Por ejemplo, los bi-gramas (N-gramas de 2) de "pollo al curry" incluyen las secuencias "pollo al" y "al curry", lo que nos permite analizar patrones más complejos. En un recetario, los bi-gramas podrían indicar al computador que "tomate" precede con frecuencia a "cherry" en recetas mediterráneas, mientras que, en recetas asiáticas, "salsa" es más comúnmente seguida por "teriyaki" de lo que lo es en recetas latinas.

Existen otras variantes que tienen en cuenta aspectos como la longitud de los textos y las veces que aparecen las palabras en ellos. Por ejemplo, volviendo a la tabla, la palabra "pollo" en "pollo al curry" es más importante, ya que sólo hay dos ingredientes, mientras que en "curry de garbanzos y pollo" es menos importante, porque hay tres ingredientes. Además, lo comunes que son las palabras también influye en su importancia; "pollo" aparece en cuatro recetas, por lo que es un ingrediente menos distintivo que "garbanzos", que sólo aparece en una. No obstante, estos métodos tienen limitaciones para captar el significado de las palabras. Por ejemplo, estos modelos difícilmente nos permitirían distinguir entre "hornear las verduras mientras salteamos el pollo" y "hornear el pollo mientras salteamos las verduras".

Los nuevos modelos de lenguaje incorporan mecanismos sofisticados para dividir el texto que identifican componentes complejos, como expresiones idiomáticas, abreviaturas o raíces de palabras. Estos métodos son analizadores léxicos, denominados *tokenizadores* (del inglés *tokenizers*), que son capaces de identificar estos componentes (llamados *tokens*) automáticamente para dividir el texto de una manera apropiada. Por ejemplo, podrían reconocer los grupos de palabras "menú del día" o "aceite de oliva" como conceptos únicos e indivisibles, para preservar su significado; o podrían reconocer que "horn-o", "horn-illa", "horn-ear" y "horn-azo" están compuestas de una raíz y un sufijo, y procesarlos de una manera más eficaz. De la misma manera que el chef no trocea todos los ingredientes de la misma manera (una cebolla o unos espárragos), ni el mismo ingrediente en trozos iguales (un pollo) estos métodos no dividen el texto de una manera regular ni homogénea, pero sí más efectiva.

Encajes léxicos

Los encajes léxicos de palabras (traducción de la palabra inglesa *embedding*) son una técnica que se utiliza para transformar las palabras y las frases en números, para que los diferentes métodos puedan trabajar con ellos. Estos se calculan con modelos que se entrenan con grandes cantidades de texto con el objetivo de buscar patrones, como aquellas palabras que aparecen cerca las unas de las otras ("oliva" suele aparecer cerca de "aceite"); o aparecen en determinados tipos de textos ("azúcar" es frecuente "postres"). Tras el aprendizaje, el modelo es capaz de asignar a los fragmentos del texto, unos números que reflejan de cierta manera su significado y su relación con otras palabras.

Lo interesante de dichos números es que nos permiten hacer operaciones matemáticas que se corresponden, de una manera aproximada, con el significado de las palabras. Por ejemplo, los números asignados a "paella de marisco" y "arroz tres delicias" serán relativamente parecidos, porque ambos tienen el arroz como ingrediente principal. Además, "paella de marisco" podría ser aún más similar a "pizza *pepperoni*" que a "arroz tres delicias", porque están relacionadas con la cocina mediterránea. También se pueden realizar operaciones matemáticas con dichos números para obtener resultados con sentido semántico. Por ejemplo, si restamos los números de "curry" a los de "pollo al curry" y al resultado le sumamos los números de "tomate", el resultado será parecido a los números asignados a "pollo a la cazadora".

Para hacernos una idea, si creáramos dichos encajes a partir de un extenso recetario, en lugar de tener una columna para cada ingrediente (como en la bolsa de palabras), tendríamos una columna por cada aspecto relevante del ingrediente. Por ejemplo, una columna podría indicar si el ingrediente es de origen animal o vegetal, mientras que otras podrían codificar el color, la textura, la firmeza, o si es salado o dulce. Un ejemplo (figurado) de su aplicación sobre ingredientes podría ser el que se representa en la Tabla 2, donde:

- El Origen varía de animal (0) a vegetal (10);
- La Textura oscila entre fibrosa (0) y jugosa (10),
- La Firmeza va de suave (0) a duro (10).
- El Sabor se clasifica desde neutro (0) hasta ácido (10)
- El Uso Culinario desde condimento (0), pasando por secundario (5), hasta principal (10).

	Origen	Textura	Firmeza	Sabor	Uso Culinario
Pollo	10	2	8	0	10
Espinaca	0	4	2	5	5
Salmón	10	6	8	7	10
Chocolate	0	6	10	5	7
Tomate	0	8	5	10	5

Tab. 2. Ejemplo de un posible encaje léxico para un conjunto de cinco ingredientes.

Los encajes léxicos se suelen crear utilizando redes neuronales, autocodificadores o transformadores. Construirlos requiere de muchos datos y de un tiempo considerable para entrenar, así como su interpretación puede ser compleja. Sin embargo, ofrecen ventajas significativas para tareas como traducción y clasificación de documentos. De una manera análoga a los ejemplos que hemos visto, cuando se entrenan con textos, permiten que un texto en un idioma y su traducción se asocien con números relativamente similares, así como, textos dentro de una misma categoría o temática se agrupan entre sí.

SECCIÓN 4.3: **Grandes modelos de lenguaje**

Imagen generada con Dall-E a través de ChatGPT: un robot caballero todopoderoso en estilo fantasía medieval, leyendo un libro místico con energía mágica en una biblioteca majestuosa. Estilo épico y detallado.

Los modelos de lenguaje son sistemas diseñados para comprender el texto escrito en lenguaje natural. Para desarrollarlos, se alimentan con grandes colecciones de textos, con los que aprenden a identificar patrones e imitar la escritura humana. Originalmente, estos modelos se construían para predecir la siguiente palabra en un texto. Se entrenaban observando patrones o grupos de palabras para así anticipar la siguiente palabra. Por ejemplo, si escribes "tortilla de", el modelo podría sugerir "patatas", una combinación habitual en castellano. Aunque este método es útil para sugerencias de texto al escribir, tiene limitaciones para generar textos de mayor longitud que sean coherentes, debido a su limitada capacidad para recordar y usar el contexto del lenguaje. La idea básica es que cuantas más palabras (más contexto) se tengan en cuenta para predecir la siguiente, más acertado será el modelo. Sin embargo, en la práctica, mantener un gran contexto necesita de enormes cantidades de textos y un procesamiento avanzado y complejo, lo que hace que estos modelos fueran inicialmente poco prácticos y con poca memoria.

Para tareas más complejas, como generar textos completos o entender lenguaje natural a un nivel más profundo, se usan modelos basados en redes neuronales, que son más potentes y versátiles, lo que les permite aprender aspectos más sofisticados del lenguaje. De las primeras redes neuronales que se utilizaron para modelar el lenguaje, las recurrentes fueron de las más destacadas. Un ejemplo interesante fue *A Neural Conversational Model*[9], entrenada por Google en 2015 usando subtítulos de películas. Como los subtítulos suelen representar conversaciones, este modelo se podía usar como *chatbot*. A continuación, se muestra una traducción libre de una conversación con este modelo:

HUMANO: ¿Cómo te llamas?

MÁQUINA: Soy Julia.

HUMANO: ¿Cuándo naciste?

---

9 https://arxiv.org/abs/1506.05869

MÁQUINA: El 20 de julio.

HUMANO: Mi nombre es David. ¿Cómo me llamo?

MÁQUINA: David.

HUMANO: ¿Quién es Skywalker?

MÁQUINA: Es un héroe.

HUMANO: ¿Cuál es el color del cielo?

MÁQUINA: Azul.

HUMANO: ¿Cuál es el color de la sangre?

MÁQUINA: Es igual que un ojo morado.

Como podemos ver, sus respuestas son a veces erráticas, y los textos comienzan a ser incoherentes tras unas decenas de palabras. Una solución a estos problemas provino de las arquitecturas de transformadores y los mecanismos de atención, marcando los modelos de lenguaje actuales, que se componen de cuatro ingredientes básicos, presentados en secciones anteriores:

1. *Tokenizadores* y encajes léxicos: trocean y transforman el texto en números para que el sistema pueda operar con ellos, similar a cómo un chef prepara y trocea los ingredientes antes de cocinar.

2. Redes neuronales: abstraen y procesan la información, como un chef que mezcla y cocina los ingredientes.

3. Redes recurrentes: ayudan a entender el orden y la secuencia de las palabras, asegurando que los pasos de la receta se sigan correctamente.

4. Mecanismos de atención: se enfocan en partes relevantes del texto, supervisando y ajustando el proceso como un chef que presta atención a los detalles más finos para perfeccionar un plato.

Los modelos de lenguaje actuales, con millones de parámetros, son capaces de aprender y adaptarse a diversas tareas con solo unos pocos ejemplos. Esta capacidad para generalizar a partir de poca información los hace muy útiles para múltiples aplicaciones, lo que ha dado lugar a que surjan los conocidos como "modelos fundacionales", que forman la base de muchas aplicaciones de IA actuales. En el próximo capítulo, explicaremos más a fondo estos modelos y su impacto.

El proceso de generación de texto

Una vez aprendidos los patrones del lenguaje, un modelo puede predecir palabras que continúan el texto de manera eficaz. El proceso de generación consiste, en esencia, en generar una palabra tras otra, usando las palabras anteriores como punto de partida. Al repetir este proceso, el modelo construye oraciones completas y, conforme el proceso continúa, acaba generando párrafos o textos completos. Este método de generación secuencial es fundamental para aplicaciones donde la coherencia y la continuidad son importantes. Por ejemplo, si un texto comienza con un "hoy vamos a comer un plato de", el modelo puede continuar la frase con palabras que aparecen frecuentemente tras este tipo de construcción, como podrían ser "pasta", "verdura" o "carne". El modelo elige al azar entre las opciones para continuar la frase. Si elige "pasta", es posible que luego decida incluir "italiana", "carbonara" o "boloñesa", ya que son coherentes con lo anterior, como se ilustra en la Figura 10. El proceso se repite hasta completar el texto.

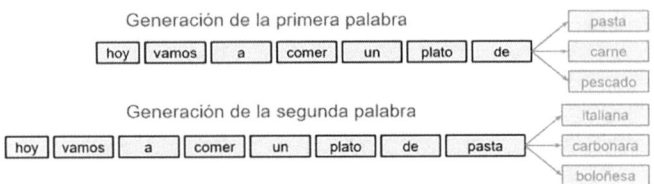

Fig. 10. Proceso de generación de palabras a partir de las anteriores.

En este proceso de generar palabras, dos elementos son fundamentales: la temperatura y el tamaño del contexto.

- La temperatura afecta la creatividad de las nuevas palabras que se van a generar. Una baja temperatura continuará los textos con palabras más predecibles, lo que es útil en aplicaciones que requieren precisión. Por el contrario, una alta temperatura incentiva la creatividad, completando con palabras menos previsibles. Por ejemplo, una temperatura baja podría llevar al modelo a completar la frase anterior con algo típico, como "pasta italiana", mientras que una temperatura alta podría sugerir "mango y jengibre", dando una alternativa más innovadora y menos predecible. Esta temperatura permite que los modelos se adapten a diferentes estilos y necesidades de escritura, desde la redacción formal hasta la escritura artística.

- El tamaño del contexto indica cuánto del texto anterior se considera a la hora de generar la siguiente palabra. Es como la cantidad de memoria del modelo y, por cuestiones técnicas y de procesamiento, está limitada. Por ejemplo, el "hoy vamos a comer un plato de" podría completarse de manera apropiada si el tamaño de contexto fuera de 4 palabras o más, pidiendo al modelo completar la secuencia "comer un plato de". Como se ilustra en la Figura 11.

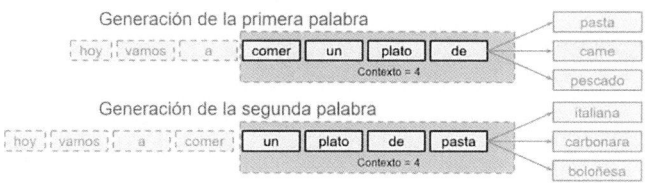

Fig. 11. Proceso de generación de palabras a partir de las anteriores, con tamaño de contexto de cuatro palabras.

Limitaciones de los grandes modelos de lenguaje

La limitación por el tamaño del contexto hace que estos modelos de generación de palabras una tras otra presente dificultades a la hora de generar textos largos, como incoherencias entre los personajes o la trama en historias. Es como si el chef sólo pudiera recordar los últimos pasos de la receta que está preparando; tras un tiempo, se olvidaría de que encendió el horno o que troceó el pollo. Hemos visto cómo estos modelos generan palabras una tras otra basándose en el contexto previo. En el ejemplo anterior, si el contexto fuera menor, de tres palabras en lugar de cuatro, como se ilustra en la Figura 12, el modelo sólo tendría en cuenta "un plato de" para generar la siguiente palabra, con lo que podría completar la frase con alimentos, pero también con palabras como "porcelana" o "plástico". Si eligiera "porcelana", la degeneración podría continuar de diferentes maneras:

- "Hoy vamos a comer un plato de porcelana pintado a mano".

- "Hoy vamos a comer un plato de porcelana que heredé de mi abuela".

- "Hoy vamos a comer un plato de porcelana que compré durante mi viaje"

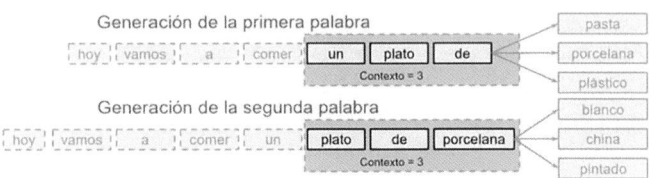

Fig. 12. Proceso de generación de palabras a partir de las anteriores, con tamaño de contexto de tres palabras.

- "Hoy vamos a comer un plato de porcelana que utilizo para días especiales".

Estos efectos inesperados e incorrectos se conocen como alucinaciones, y pueden tener varias causas:

- El azar en la selección de palabras para continuar el texto.

- Una alta temperatura que haga que se generen palabras más creativas, o aleatorias.

- Un tamaño de contexto insuficiente para continuar los textos de una manera coherente.

- Un proceso de entrenamiento no adecuado del modelo, bien por datos insuficientes, o de poca calidad.

Otra limitación es que estos modelos se entrenan con grandes volúmenes de texto, con consumo de energía significativo. Durante el entrenamiento, el modelo aprende patrones y relaciones en el texto, pero no se actualiza automáticamente con nueva información, y el coste del entrenamiento hace inviable su actualización periódica. Esto lo hace estático y desactualizado ante cambios recientes o nuevas tendencias. Por ejemplo, un modelo no conocerá las tendencias que surgieron tras su entrenamiento. Aunque los datos usados en su entrenamiento son comparables a "usar todo internet" para aprender, esto puede suponer un problema si los propios datos están sesgados.

Los sesgos aparecen cuando en los textos hay más elementos de ciertas categorías, o estereotipos en los mismos. Por ejemplo, al buscar en Internet sobre gastronomía de Asia y de Europa, pueden obtenerse unos 30 y 60 millones de resultados, respectivamente. Si se usan esas fuentes para entrenar un modelo, éste encontrará el doble de información sobre Europa que sobre Asia, sesgando su preferencia hacia recetas europeas. Este problema es mucho más preocupante cuando afecta a aspectos como género, raza, religión u orientación sexual, ya que pueden aumentar discriminaciones y desigualdades que ya existen.

Por otra parte, no podemos olvidar que estos modelos están entrenados para completar texto, con independencia de la lógica o la coherencia del mismo. Por ejemplo, el modelo podría continuar la frase "la leche es buena para" con "un intolerante a la lactosa", simplemente porque palabras como lactosa, intolerante y leche aparecen juntas en los datos con los que se ha entrenado, y no porque tenga un conocimiento sobre intolerancias. También podría continuar la siguiente receta sin ningún tipo de problema: "para preparar un buen zumo de naranja, ponga el horno a precalentar y comience picando un par de ajos...". Por eso, es importante revisar y validar las respuestas generadas por estos modelos.

SECCIÓN 4.4: **Aplicaciones sobre el lenguaje**

Imagen generada con Dall-E a través de ChatGPT: un robot punk colorido con mohicano, chaqueta de cuero con tachuelas y parches, organizando libros en una vibrante biblioteca estilo contracultural.

Después de ver los mecanismos para preparar, representar, procesar y generar el texto, así como sus limitaciones, ahora podemos ver cómo estos métodos se aplican en tareas prácticas. Combinando estos métodos con algoritmos de aprendizaje, se abren múltiples posibilidades de aplicación. En esta sección describimos algunas de ellas.

El análisis de sentimiento es una de las más extendidas, que permite comprender las emociones y opiniones expresadas en textos. Estas herramientas clasifican los textos según sus sentimientos como positivos, negativos o neutros. Las clasificaciones se usan para monitorizar la percepción en redes sociales de marcas, contenidos, personalidades o productos. Por ejemplo, una empresa puede usar estas técnicas para estudiar las opiniones de los clientes sobre un producto, identificando reacciones positivas y negativas. Por otra parte, analizando el sentimiento, las empresas pueden identificar cambios en la opinión pública y adaptar sus estrategias, o mejorar sus productos. Sin embargo, estos métodos no son infalibles, y pueden tener dificultades para interpretar el sarcasmo, o matices del contexto cultural.

La clasificación de documentos permite organizar y gestionar grandes conjuntos de textos. Usando métodos de agrupamiento según la similitud de los textos, éstos se pueden clasificar por temáticas de una manera automática, con el fin de organizar la información. En contextos como bibliotecas digitales o archivos documentales estas técnicas facilitan la gestión documental, y la recuperación de información de un tema de interés. Por ejemplo, si buscamos información sobre un tema concreto, estos métodos nos permiten encontrar todos los documentos relevantes en un repositorio digital de una manera rápida y eficaz.

La generación automática de resúmenes permite acortar textos largos, manteniendo las ideas principales. Usando técnicas que compriman la información e identifican puntos clave, estas herramientas convierten textos largos en resúmenes concisos y manejables. Son herramientas útiles en periodismo o investigación científica, donde en las etapas iniciales se necesita comprender rápidamente información de distintas fuentes.

El reconocimiento de entidades nombradas incluye técnicas que identifican y clasifican elementos del texto en categorías predefinidas, como nombres de personas, organizaciones, ubicaciones o fechas. Esto permite estructurar la información contenida en largos textos, y organizarla en formatos más accesibles y útiles. Se trata de un proceso complejo, que debe lidiar con las diferentes maneras de denominar a una misma entidad, por ejemplo, la ciudad de Granada podría ser referida como "la ciudad de la Alhambra", "la cuna de Federico García Lorca" o "la ciudad al pie de Sierra Nevada". Estas técnicas, aplicadas en áreas como la inteligencia de negocios y la investigación periodística, ayudan a extraer rápidamente datos específicos y relevantes de extensos textos.

El autocompletado y la corrección de texto facilitan la escritura. Estas aplicaciones anticipan las palabras que un usuario está intentando escribir y ofrecen sugerencias en tiempo real. Esto acelera la escritura y reduce errores, mejorando la calidad. Además, estas herramientas pueden aprender y adaptarse a los patrones de escritura individuales de cada usuario, lo que permite una personalización más profunda y una experiencia de usuario mejorada.

Los *chatbots* y asistentes virtuales están transformando nuestra interacción con los servicios de atención al cliente y asistencia personal. Estos sistemas entienden y procesan nuestras peticiones, dando respuestas a consultas en lenguaje natural. Los *chatbots* manejan bien preguntas frecuentes, liberando a las personas para tareas más complejas, mientras que los asistentes virtuales como Siri y Alexa personalizan las interacciones personalizadas, mejorando la experiencia del usuario. Con el avance de la IA, estos sistemas se están volviendo cada vez más sofisticados, capaces de entender mejor el contexto, aprender de interacciones pasadas y proporcionar respuestas más precisas y personalizadas. Esto no sólo mejora la eficiencia y la productividad de aplicaciones y servicios, sino que permite una interacción más humana con las máquinas.

Sin embargo, el procesamiento del lenguaje aún se enfrenta a desafíos significativos. La ambigüedad del lenguaje y las sutilezas como la ironía y el sarcasmo son difíciles de interpretar por los modelos. Además, la necesidad de grandes volúmenes de datos y complejos entrenamientos merma su viabilidad técnica en algunas situaciones. Por otro lado, los sesgos en los datos, o errores en el aprendizaje o generación pueden causar resultados inexactos o discriminatorios. A pesar de estos desafíos, los grandes modelos de lenguaje y la IA generativa están cambiando la forma en que interactuamos con la tecnología, permitiendo una comunicación más natural y fluida. En el próximo capítulo, profundizaremos en la IA generativa para explorar el funcionamiento de estos modelos y sus aplicaciones en diversos sectores.

CAPÍTULO 5

Inteligencia artificial generativa

Imagen generada con Dall-E a través de ChatGPT: un robot en una cocina vibrante y desordenada, con ingredientes, utensilios y colores que emergen de su cabeza mientras prepara una receta creativa.

La IA generativa es un campo enfocado en crear contenido de manera automática, bajo las premisas de que sea diverso, original, coherente con la realidad y, en algunos casos, preciso, como en la generación de código. El contenido a generar puede incluir texto, audio, imágenes, vídeos y otros formatos más especiales, como modelos 3D, incluso estructuras moleculares. Es comparable con la cocina experimental, donde se innova con ingredientes y técnicas para crear platos nuevos y únicos. Las ideas sobre IA generativa se remontan a la década de 1960 con *chatbots* como ELIZA[10], que simulaba una conversación con un psicoterapeuta que reformulaba las frases introducidas por el usuario. Por ejemplo, si un usuario dijera "Me gusta la comida italiana", ELIZA respondería algo como "¿Qué es lo que te gusta de la comida italiana?", reconociendo palabras clave y reestructurando la frase, sin comprender su significado.

Más allá de *chatbots* básicos y algunas aplicaciones destacables, podemos decir que antes y durante la década de 2010, la IA generativa se podría considerar, hasta cierto punto "estrecha", ya que las aplicaciones solían estar limitadas a tipos de contenidos o ámbitos muy concretos y específicos. Un ejemplo ilustrativo es la aplicación This Person Does Not Exist[11], que genera rostros humanos convincentes, pero no puede hacer mucho más allá de esa tarea específica. La Figura 13 muestra la evolución de la capacidad de la misma con el tiempo. No obstante, con el auge del aprendizaje profundo a partir de 2012 esta IA comenzó a generar contenidos convincentes para las

10 https://en.wikipedia.org/wiki/ELIZA
11 https://thispersondoesnotexist.com/

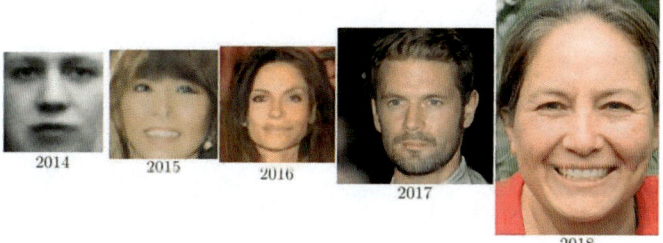

Fig. 13. Evolución de la generación de rostros sintéticos (Fuente [12])

personas. El desarrollo de las codificaciones numéricas para palabras y frases permitió a las máquinas trabajar con el texto a un nivel más profundo, mientras que las redes generativas adversarias permitieron crear contenidos indistinguibles de los reales. Por otra parte, las arquitecturas de atención, los transformadores y los mecanismos de difusión también han contribuido al desarrollo del ecosistema tecnológico actual).

12 Cheng, Keyang & Tahir, Rabia & Eric, Lubamba & Li, Maozhen. (2020). An analysis of generative adversarial networks and variants for image synthesis on MNIST dataset. Multimedia Tools and Applications. 79.

SECCIÓN 5.1: **Las otras dos inteligencias artificiales**

Imagen generada con Dall-E a través de ChatGPT: una ilustración surrealista de un rostro dividido en dos mitades: una mecánica llena de engranajes y robots, la otra fluida y colorida con pinceladas artísticas y naturaleza abstracta.

Al inicio de este libro, distinguimos entre IA estrecha y general. La IA estrecha se especializa en tareas limitadas, mientras que la IA general tiene un alcance más amplio. En esta parte, diferenciamos entre IA discriminativa y generativa, en función de sus objetivos. Mientras que la IA discriminativa se centra en aprender relaciones en los datos con el fin de generar respuestas concretas, como clasificar recetas según su origen a partir de una foto; la

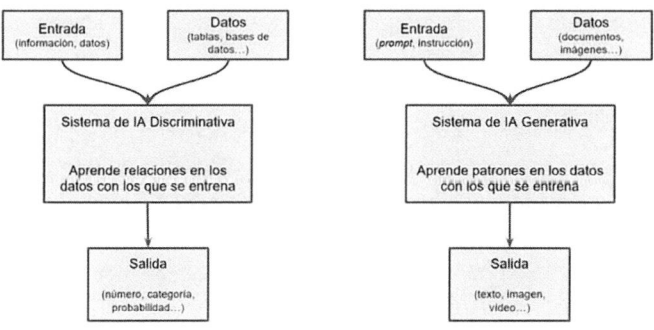

Fig. 14. Diagrama de sistema de IA discriminativa (izquierda) frente a sistema de IA generativa (derecha).

IA generativa, por su lado, adopta un enfoque creativo, para usar los patrones aprendidos y crear contenido nuevo y verosímil, como sugerir presentaciones novedosas de platos para inspirar a los chefs. La IA generativa se entrena con contenido no estructurado (texto, imágenes, audio...) para aprender a recrear los patrones observados y generar así nuevos resultados. En contraste, la IA discriminativa se centra en analizar y dar respuestas, usando información mayoritariamente estructurada. La Figura 14 ilustra la diferencia entre IA discriminativa y generativa.

La clasificación de la IA generativa puede organizarse según los tipos de datos y salida que maneja. Esto se debe a que la naturaleza de la entrada y lo que se espera como resultado determinan tanto la funcionalidad de la aplicación, como los métodos utilizados en su desarrollo. Las entradas más comunes suelen ser texto e imagen, mientras que las salidas comunes de estos sistemas varían desde texto e imágenes hasta vídeo, audio o código. A continuación, presentamos una lista con algunos ejemplos de aplicaciones de IA generativa, organizados según el tipo de entrada y salida:

- IMAGEN -> TEXTO: Aquí se incluyen aplicaciones para reconocer o describir elementos dentro de una imagen, ayudando a organizar el contenido visual. Algunas aplicaciones, con la ayuda de modelos de lenguaje, pueden responder preguntas sobre el contenido de las imágenes, como "¿Qué ingredientes hay en este plato?" o "¿Qué tipo de pastel es este?».

- IMAGEN -> IMAGEN: Incluye habilidades como completar, cambiar detalles o mejorar la resolución de imágenes, útil para la restauración de fotos o el diseño creativo. Otras aplicaciones incluyen la posibilidad de cambiar el estilo artístico o visual de una imagen, lo que abre posibilidades para la experimentación artística. Por ejemplo, ver cómo quedaría un pastel con diferentes decoraciones o simular cambios en la presentación de un plato antes de prepararlo.

- IMAGEN -> VÍDEO: Convertir imágenes en secuencias de vídeo permite crear contenido multimedia atractivo, útil en publicidad, entretenimiento y educación. La animación por IA añade movimiento y narrativa a lo que antes era estático.

- TEXTO -> TEXTO: Incluye muchas funciones del procesamiento del lenguaje natural citadas previamente, como traducción, resumen, respuesta a preguntas... Crear contenido escrito a partir de instrucciones tiene aplicaciones en medios de comunicación, educación y marketing, entre otros.

- TEXTO -> IMAGEN: Convertir descripciones en imágenes o videos permite visualizar conceptos expresados en palabras. Esto es útil en campos creativos como el diseño gráfico y la publicidad, donde la visualización precisa y original es importante. Estos sistemas permiten recrear conceptos nuevos, como una "Tarta de queso con frutos del Árbol de la Vida y Polvo de Fénix".

- TEXTO -> AUDIO: Convertir texto a audio permite transformar descripciones y guiones en música o efectos sonoros, creando nuevas oportunidades. Además, convertir texto a voz es fundamental en tecnologías de asistencia, ayudando a personas con discapacidades visuales o dificultades para leer.

Estos son sólo algunos ejemplos, hoy en día hay muchas aplicaciones que combinan diferentes tipos de datos o salida, como sistemas que transforman audio en texto para hacer transcripciones automáticas o aplicaciones convierten texto en código, permitiendo a los desarrolladores crear software a partir de instrucciones escritas. En cualquier caso, es importante destacar que estas aplicaciones de IA generativa dependen en gran medida de modelos entrenados con enormes cantidades de datos. Las capacidades actuales de acceso y procesamiento de la información han permitido el desarrollo de modelos de una escala sin precedentes. Estos modelos son lo que conocemos como modelos fundamentales, que proporcionan una base para una amplia gama de aplicaciones. En la siguiente sección, profundizaremos en estos modelos.

SECCIÓN 5.2: **Modelos fundacionales**

Imagen generada con Dall-E a través de ChatGPT: un guerrero robótico, sentado en un trono de hierro, sosteniendo una manzana brillante entre sus manos, absorbiendo su energía mística. Estilo épico y detallado, fusionando elementos de magia y tecnología.

Antes de comenzar, es importante señalar que los modelos de lenguaje no se limitan a aplicaciones de texto. El buen manejo del lenguaje natural es clave para toda aplicación con la que interactuamos a través de descripciones en lenguaje natural. Desde *chatbots* hasta IA generativas de imágenes, audio o vídeo a partir de una descripción o instrucción dada por el usuario, todas ellas requieren de esa correcta comprensión del lenguaje, dado que será lo que guiará la creación de contenido nuevo. Comprender "la instrucción" recibida permite que las aplicaciones generen contenidos en línea con las expectativas del usuario.

Los grandes modelos de lenguaje y los modelos fundacionales son dos términos clave que tienen sus pequeñas diferencias. Mientras que los primeros se especializan en realizar tareas concretas con texto los segundos son más versátiles. Los modelos fundacionales se entrenan para procesar y comprender el lenguaje, lo que les permite adaptarse a cualquier tarea con unas mínimas modificaciones. Podríamos decir que los primeros son especialistas en tareas concretas (un traductor experto, o un escritor de ficción), mientras que los segundos son expertos lingüistas que pueden servir para cualquier tarea con una mínima adaptación. Podemos imaginar un gran modelo de lenguaje como un chef experto en un tipo de cocina, mientras que el modelo fundacional es un super humano con habilidades útiles para cualquier estilo culinario. Tiene un olfato y paladar exquisitos para identificar matices, tiene habilidad y precisión en las manos para técnicas complejas, tiene conocimientos nutricionales sobre los alimentos para diseñar menús balanceados y tiene conocimientos culturales para adaptarse a cualquier tipo de cocina.

El término "modelo fundacional" se acuñó y popularizó por el Instituto de Inteligencia Artificial Centrada en el Ser Humano (en inglés *Institute for Human-Centered Artificial Intelligence*) de la Universidad de Stanford [13]

---

13 https://hai.stanford.edu/news/introducing-center-research-foundation-models-crfm

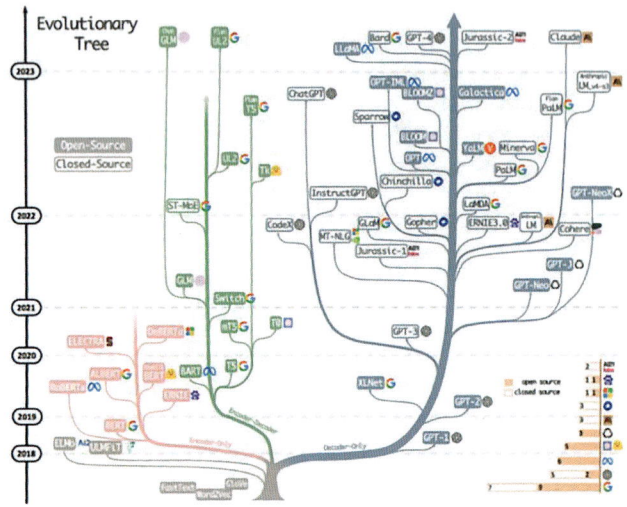

Fig. 15. Evolución de los grandes modelos fundacionales o grandes
modelos de lenguaje (Fuente [14])

en 2021 para describir modelos entrenados con grandes
cantidades de datos, generalmente combinando mecanismos de aprendizaje supervisados y no supervisados, para
aprender a identificar patrones y estructuras en textos,
imágenes o audios. Su propósito es el de servir como
base para modelos en tareas concretas tras un proceso de
ajuste fino. Podemos imaginarlo como algo aún mayor
que un gran modelo de lenguaje, que tiene la posibilidad
de adaptarse a la jerga técnica en campos especializados
como gastronomía, derecho o medicina de una manera
sencilla.

14 https://arxiv.org/abs/2304.13712

Es difícil enumerar los diferentes modelos fundacionales, ya que muchos grandes modelos de lenguaje fueron reconocidos como tales posteriormente a su desarrollo. Sin embargo, la Figura 15 ilustra el crecimiento explosivo que hemos vivido en el desarrollo de estos modelos en los últimos años (centrado sólo en texto).

Una mínima selección de algunos de estos modelos destacados podría ser:

- La familia GPT de OpenAI es quizás la más conocida, incluye modelos desde GPT-1 de 2018 al GPT-4 de 2023, incluyendo GPT-3.5 (el modelo incluido en la primera versión de ChatGPT). Estos modelos han destacado en comprensión y generación de texto.

- BERT, por Google en 2019, y sus derivados usan el contexto anterior y posterior de las palabras para entender su significado de las palabras. RoBERTa y ALBERT son versiones más rápidas y con menos parámetros, podrían cocinar los mismos platos usando menos ingredientes y tiempo. Por otro lado, BART podría rehacer recetas y modificar textos, lo que le permite corregir errores.

- La familia T5 de Google, desde su versión inicial en 2021, incluye modelos como mT5 y Flan-T5, de 2022. Están optimizados para tareas multilingües y adaptados para ser más eficientes en el consumo de recursos.

- La serie de modelos de DeepMind, ha destacado por su enfoque en optimizar la relación entre el tamaño del modelo y la eficiencia del entrenamiento. Desde Gopher (2021), Chinchilla (2022) con un menor tamaño, pero con un entrenamiento más intensivo, y Sparrow (2023), enfocado en la interacción segura han marcado esta rama de modelos.

- Bard fue un servicio conversacional lanzado por Google en 2023, que posteriormente evolucionó a Gemini. Está diseñado para tareas complejas y presenta varias versiones para funcionar tanto en centros de datos como en dispositivos móviles.

- En 2021, Meta introdujo LLaMA, orientado a equilibrar su tamaño con el rendimiento, logrando resultados notables con menos parámetros que modelos más grandes. Las versiones 2 y 3 llegaron en 2023 y 2024 respectivamente, con capacidades ampliadas y adaptación a más idiomas, haciéndolo más global

Estos modelos han visto un crecimiento en el número de parámetros. Modelos más iniciales como GPT-1 y BERT ya contaban con más de 100 millones de parámetros y los modelos más grandes de la actualidad, como GPT-4 se estiman en cerca de dos trillones. En la actualidad, encontramos modelos que parten de los 60 millones de las versiones más ligeras de T5. No obstante, estos números son sólo a título orientativo, y los números concretos dependen de la versión concreta del modelo que observemos. Para hacernos una idea de las cantidades de datos necesarias para entrenar los modelos, el modelo GPT-3 se estima utilizó 600GB de datos en su entrenamiento, de los cuales la Wikipedia en inglés (completa) representaba apenas un 3%. Por otra parte, el entrenamiento de GPT-3 se estima requirió el equivalente a 355 años de cómputo, representando un coste superior a los 4 millones de dólares.

Al ampliar el alcance y la capacidad de los grandes modelos de lenguaje, los modelos fundacionales han demostrado presentar habilidades para las que no han sido entrenados directamente. Aunque se basan en predecir la siguiente palabra hasta completar frases o textos, se ha observado que, gracias a la cantidad de texto utilizado y su gran número de parámetros, puede utilizarse para completar de una manera acertada frases como "nueve por cinco es igual a", "la capital de Francia es" o "cuando alguien tiene fiebre y tos debe de tomar", cuando se formulan de una manera apropiada. Este hallazgo hace intuir que poseen lo que parece ser conocimiento de matemáticas, geografía o medicina, disciplinas para las que no ha sido entrenado [15]. No obstante, heredan las limitaciones de los grandes modelos de lenguaje. Al generar el texto de manera secuencial, con un contexto limitado, y cierto factor de azar, pueden producir errores y alucinaciones. Por otra parte, su conocimiento está limitado al momento de su entrenamiento. Finalmente, si sus datos de entrenamiento no se han trabajado adecuadamente, pueden contener sesgos que amplificar.

Una vez visitadas las "cocinas" detrás de grandes IA, las siguientes secciones presentan un menú de lo que pueden ofrecer. Vamos a explorar las aplicaciones prácticas de estos modelos, como los *chatbots*, o aplicaciones para la generación de imágenes, audio y vídeo.

---

15 https://arxiv.org/abs/2005.14165

SECCIÓN 5.3: *Chatbots* y asistentes virtuales

Imagen generada con Dall-E a través de ChatGPT: un cómic de un adorable robot asistente de cocina ofreciendo ayuda, sentado en una encimera, rodeado de ingredientes frescos como vegetales y frutas, con una expresión curiosa.

Los *chatbots* y asistentes virtuales se han convertido en herramientas que nos permiten comunicarnos con las máquinas utilizando lenguaje natural. Aunque hay matices que los diferencian, dado que un *chatbot* imita la conversación para brindar respuestas automáticas, mientras que un asistente virtual puede realizar tareas adicionales como agendar citas, enviar recordatorios o

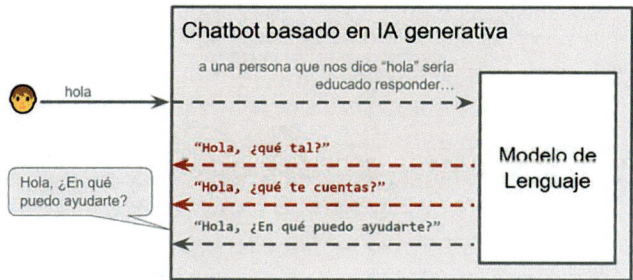

Fig. 16. Ejemplo de funcionamiento de *chatbot* de IA generativa basado en un modelo de lenguaje.

buscar información en Internet. Para simplificar, no haremos esta distinción y asumiremos que ambos se basan en modelos de lenguaje para entender y responder a las peticiones de los usuarios.

Los *chatbots* actuales suelen utilizar un modelo de lenguaje, lo que les da una base de conocimiento más o menos sólida. Sobre esta base se construye una interfaz que permite comunicación entre el usuario y el *chatbot* a través de preguntas o solicitudes, en forma de conversación. Al lanzar una pregunta sobre un *chatbot* basado en un modelo de lenguaje, este modelo se ejecutará para generar una respuesta para el usuario. Podemos pensar que, cuando decimos "hola" a un sistema como ChatGPT, este utiliza su modelo de lenguaje para completar una frase como "a una persona que nos dice 'hola', deberíamos responderle", generando alternativas para después elegir la más apropiada para dar de vuelta al usuario. Este proceso se ilustra en la Figura 16. La manera en la que el *chatbot* solicita al modelo de lenguaje respuestas o determina cuál es la más relevante se mejora mediante de un proceso de aprendizaje por refuerzo con retroalimentación humana, con el que se afinan las peticiones al modelo de lenguaje y se instruye al *chatbot* a discernir entre preguntas y respuestas apropiadas o no, con la intervención de evaluadores humanos.

El modelo de lenguaje responde según el texto usado en su entrenamiento, generando respuestas palabra por palabra. Algunas aplicaciones pueden acceder a Internet para obtener información actualizada o verificar datos, así como algunos permiten al modelo acceder a otras herramientas para mejorar sus capacidades, como la posibilidad de leer o escribir el contenido de ficheros, como documentos o presentaciones. A algunos *chatbots* también se les da la posibilidad de interpretar el contenido en imágenes, vídeos o audios, ofreciendo respuestas basadas en esos formatos. También en algunos casos se incluyen generadores de imágenes, audio, vídeo u otros formatos, para permitir que produzcan contenido más variado para el usuario. Todos estos mecanismos y herramientas hacen que los *chatbots* actuales sean cada vez más útiles y versátiles.

Además de herramientas, los *chatbots* actuales incluyen mecanismos de control o moderación, con el fin de evitar respuestas incoherentes o inapropiadas. Es decir, incluyen sistemas que filtran, tratando de prevenir, responder a preguntas delicadas, o generar respuestas ofensivas o engañosas. Otro mecanismo es la incorporación de funcionalidad de retroalimentación, donde el usuario puede identificar las respuestas incorrectas, inexactas o de poca utilidad, lo que se puede usar en un marco de aprendizaje por refuerzo como recompensa para que cada vez funcione de una manera más alineada con el usuario.

En resumen, para funcionar al máximo potencial, estos sistemas necesitan no sólo un modelo de lenguaje robusto, también una amplia gama de herramientas y accesorios a su funcionalidad principal. Es como un chef que, para brillar, necesita utensilios de calidad, ingredientes frescos, acceso a una despensa bien surtida y electrodomésticos modernos.

SECCIÓN 5.4: Generación de imágenes, audio y vídeo

Imagen generada con Dall-E a través de ChatGPT: una ilustración estilo cómic de un pequeño robot dibujando un tomate en una pizarra, rodeado de tomates frescos. Ambiente creativo y colorido.

Los generadores de imágenes por IA son modelos entrenados para crear imágenes según las instrucciones dadas por el usuario, para ofrecer resultados visualmente originales y realistas. Estos generadores pueden replicar características de las imágenes de su entrenamiento, o innovar y fusionar estilos para obtener resultados más originales. Suelen funcionar con arquitecturas adversarias y mecanismos de difusión, aunque requieren, como hemos comentado, mecanismos que les permitan entender el lenguaje, y con ello, las instrucciones recibidas para guiar el proceso de generación. De una manera similar a los *chatbots*, estos generadores también cuentan con mecanismos de control, para evitar las mencionadas alucinaciones o el contenido inapropiado.

En cuanto a su utilidad, pueden usarse en la industria del entretenimiento, para crear escenarios en videojuegos o efectos visuales para películas. En el mundo de la publicidad, sirven para generar imágenes para campañas sin necesidad de sesiones de fotografía o diseño. En arquitectura y diseño de interiores, permiten a los profesionales crear representaciones de edificios y espacios, ayudando a los clientes a comprender el concepto final. En educación, pueden usarse para crear ilustraciones y material educativo visualmente atractivo. Aunque la generación de imágenes a partir de descripciones dadas por el usuario es la aplicación más común. Otras aplicaciones permiten tomar una imagen existente y transformarla para crear una versión nueva según las indicaciones del usuario (las mencionadas aplicaciones de imagen a imagen).

Por otro lado, la generación vídeo, que trabaja con secuencias de imágenes, permite crear animaciones o vídeos cortos a partir de imágenes o descripciones en texto (aplicaciones imagen a vídeo o texto a vídeo). El resto de estas aplicaciones está en mantener coherencia y consistencia entre fotogramas consecutivos, como un chef que se asegura de que cada plato en un menú complementa al anterior para lograr un resultado final consistente. Por ejemplo, un menú que incluye aperitivo italiano, primer plato asiático, segundo mexicano y postre francés, acompañado de una cerveza alemana, no se antoja muy coherente. Del mismo modo, los sistemas de generación de videos deben garantizar que cada fotograma esté relacionado con los anteriores y posteriores para mantener una secuencia fluida.

Herramientas y para la generación de imágenes

Hoy en día se hace complejo enumerar todas herramientas de generación de imágenes, al tratarse de un ámbito en constante cambio y evolución. En el momento de escribir estas líneas, tres de las más populares son DALL-E, Midjourney y Stable Diffusion. Cada una tiene características y aplicaciones específicas, pero todas emplean modelos de IA para responder a las peticiones dadas por el usuario con imágenes cada vez más sorprendentes y originales.

1. DALL-E fue lanzado en enero de 2021 por OpenAI, combinando los nombres de Salvador Dalí y el personaje WALL-E de Disney. La segunda versión se lanzó en abril de 2022 con mejoras significativas en resolución y flexibilidad para crear imágenes con mayor detalle y variación de estilos, lo que aumentó su popularidad. En cuanto a DALL-E 3, de septiembre de 2023, se integró en ChatGPT, permitiendo a los usuarios generar imágenes directamente desde el *chatbot*.

2. Midjourney, desarrollado por una empresa con sede en San Francisco, lanzó su servicio de generación de imágenes homónimo en julio de 2022. Desde entonces ha tenido varias versiones, siendo la versión 6 (diciembre de 2023) la más precisa y con mejor interpretación de instrucciones hasta ahora.

3. Stable Diffusion es un generador desarrollado por Runway y LMU Múnich, lanzado en su primera versión en agosto de 2022. A diferencia de los anteriores, es de código abierto, así como puede ser ejecutado en computadoras comunes. Esto ha permitido que artistas, desarrolladores y empresas lo utilicen para diseño gráfico, arte digital y creación de contenido. Por ejemplo, las ilustraciones de la Figura 17 reflejan a Víctor, Asier y Beatriz, quienes dedico este libro, generadas por Stable Diffusion XL después de un ajuste fino.

Estas herramientas, y muchas otras, han llamado la atención en el mundo digital con imágenes sorprendentemente realistas y creativas. Por ejemplo, la portada de la revista Cosmopolitan de septiembre de 2023 fue diseñada por DALL-E 2[16], al igual que la campaña publicitaria de Heinz "A.I. Ketchup". Por otro lado, una ilustración generada por DALL-E 2 ganó el concurso *Visions of the Future* en 2023[17], aunque el artista Boris Eldagsen renunció posteriormente al premio.

---

16 https://fossbytes.com/dall-e2-creates-the-worlds-first-ai-genera-ted-magazine-cover-for-cosmopolitan/

17 https://www.bbc.com/news/entertainment-arts-65296763

Fig. 17. Ilustraciones de Víctor, Asier y Beatriz; obtenidas tras un ajuste fino de Stable Diffusion XL.

Texturas variadas: Explorando audio y video

Los modelos de IA pueden utilizarse para generar audio, desde sintetizar voces hasta generar efectos sonoros y música. Una de las aplicaciones más significativas han sido los modelos para generar voces que suenan naturales, aprendiendo a partir de audios para replicar patrones y producir voces. Esta tecnología se viene usando desde tiempo atrás en asistentes virtuales como Siri y Google Assistant, y en aplicaciones como lectura de textos y ayuda para personas con discapacidades visuales.

En música, la IA puede hacer composiciones nuevas o ayudar a músicos humanos. Plataformas como MuseNet de OpenAI y Magenta de Google son capaces de generar música en varios estilos y géneros. Estas herramientas dejan a los músicos probar ideas nuevas y a los compositores automatizar partes del proceso creativo.

La generación de video es una tecnología relativamente nueva con usos claros en cine, publicidad y entretenimiento. Un uso es la generación de videos manipulados, donde se usan sistemas para cambiar videos existentes o hacer videos nuevos a partir de imágenes o descripciones.

Herramientas como DeepMotion[18] pueden animar una foto, haciendo movimiento y detalles a partir de una sola imagen. ElevenLab, d-ID y Adobe Express son otras opciones que dejan crear avatares animados con voz a partir de imágenes[19].

Esta tecnología tiene usos buenos, como efectos especiales en cine o anuncios llamativos en publicidad, pero también se puede usar para propagar información falsa, generar supuestas pruebas falsas o suplantar identidades con fines malos. Su potencial para el engaño ha causado preocupaciones éticas y legales, llevando a debates sobre cómo regular su uso para prevenir abusos y proteger la privacidad e integridad de las personas.

El sabor agridulce: Limitaciones y controversias

Las herramientas de generación de imagen han tenido gran impacto mediático, al permitir la generación de imágenes "originales" de una manera rápida, sencilla y al alcance de todos. Sin embargo, han recibido críticas, tanto por sus limitaciones, como por sus potenciales malos usos. Por una parte, se han señalado problemas de sesgos y generación de contenido inapropiado, así como se ha debatido sobre lo justo que puede ser que obras generadas por IA compitan con humanos en concursos y exposiciones. Por otra parte, la propiedad intelectual también ha sido objeto de debate, tanto sobre si se han usado imágenes con derechos para el entrenamiento de

---

18 https://www.deepmotion.com/

19 https://missingkhan1.medium.com/title-revolutionizing-conver-sations-unleashing-the-power-of-talking-avatars-with-eleven-lab-d-id-7432cb4da406

los modelos, como sobre la propiedad intelectual de las ilustraciones generadas.

Por ejemplo, el artista polaco Greg Rutkowski, cuyo estilo distintivo se ha utilizado en algunas versiones del generador de imágenes Stable Diffusion, expresó su preocupación de que esta práctica amenace su sustento, una inquietud compartida por otros artistas[20]. Además, se ha observado que las imágenes generadas tienden reproducir estereotipos, como asociar "África" con la pobreza o la palabra "pobre" con tonos de piel oscuros[21]. En otro caso, la Fundación Internet Watch identificó casi 3,000 imágenes de abuso infantil generadas por IA que infringían la ley del Reino Unido[22]. Existe también la preocupación sobre el uso potencial de estas herramientas para crear perfiles falsos, contenido explícito o *deep fakes*, que son videos o imágenes manipuladas para mostrar a alguien diciendo o haciendo algo que en realidad no hizo, sin el consentimiento de la persona representada[23].

Estos incidentes y debates muestran que es necesario establecer reglas y mecanismos de control para reducir los riesgos asociados con la generación de contenido con IA. Aunque son herramientas que se pueden considerar de gran utilidad, y con potencial para inspirar y ampliar las posibilidades artísticas de las personas innegables, el garantizar un uso correcto y ético sigue

20 https://www.weforum.org/agenda/2022/09/artificial-intelligence-ai-generated-art-ethics-copyright/

21 https://www.nature.com/articles/d41586-024-00674-9

22 https://www.theguardian.com/technology/2023/oct/25/ai-created-child-sexual-abuse-images-threaten-overwhelm-internet

23 https://automationswitch.com/ethics-of-ai-image-generation-copyright/

siendo un desafío. Al final, cómo afectarán al mundo en el que vivimos dependerá de cómo abordemos los dilemas que plantean.

CAPÍTULO 6

Interacción con IA generativa

Imagen generada con Dall-E a través de ChatGPT: un robot estilo steam-punk, con apariencia amigable pero desgastada, ofreciendo amablemente una hoja de papel en blanco y un lápiz.

Hasta ahora, hemos visto los fundamentos y usos de la IA, especialmente de su versión generativa, que incluye desde *chatbots* hasta generadores de imágenes o videos. Estos avances han cambiado el cómo interactuamos con las máquinas, permitiendo experiencias más sencillas y personalizadas. En este capítulo, veremos cómo podemos usar mejor nuestras interacciones con estos sistemas para obtener buenos resultados.

Podemos entender esta nueva interacción imaginando que vamos a un restaurante sin un menú fijo. En vez de una lista de platos ya hechos, la cocina tiene todos los ingredientes y equipos necesarios para hacer cualquier plato que imaginemos. Al sentarnos, el camarero anotará nuestro pedido y lo pasará a cocina. El pedido puede variar desde un simple "pollo para tres" hasta un "pescado al horno con toques orientales y una salsa de aromas cítricos", pasando por unos "huevos fritos con patatas". Esta metáfora puede ayudarnos a entender el proceso de mandar una petición a un sistema de IA generativa, donde cada detalle afectará el resultado, pero dejando al chef cierto margen para innovar con sabores y técnicas. Por ejemplo, si no decimos cómo queremos las patatas cortadas o cocinadas, le damos al chef libertad para usar su creatividad, lo cual puede resultar en una experiencia buena, o no.

Vamos a hacer nuestro pedido a la IA, asegurándonos de incluir todos los detalles para que el chef pueda sorprendernos con una experiencia única e inolvidablemente deliciosa.

SECCIÓN 6.1: **Interacción e ingeniería de *prompts***

Imagen generada con Dall-E a través de ChatGPT: un robot retro diseñando minuciosamente en una enorme pantalla de planos azules, mientras un grupo observa en un entorno iluminado por velas. Estilo detallado y atmosférico.

Como cuando interactuamos entre nosotros, cuando lo hacemos con la IA tenemos que superar barreras entre lo que esperamos recibir, cómo lo ideamos, lo expresamos y cómo lo entiende la otra parte para darnos una respuesta. Las diferencias en el lenguaje, las expectativas incorrectas y la falta de comprensión del contexto pueden causar resultados inesperados o fallidos. Por ejemplo, si no le digo al chef que soy intolerante a cierto alimento, podría incluirlo en el plato. No existe un método único o perfecto para dar instrucciones que funcione eficazmente con todos los sistemas de IA, ya que cada modelo puede estar entrenado con diferentes datos, o requerir ajustes o detalles específicos para obtener los mejores resultados. Las indicaciones dadas en este capítulo se basan en prácticas aceptadas y experiencias compartidas dentro de la comunidad de usuarios. A medida que la tecnología evolucione, también lo harán las estrategias para interactuar mejor con estas herramientas.

Un *prompt* es una instrucción que le damos a un sistema de IA para que genere una respuesta o haga una tarea. Esto es similar a cuando hacemos un pedido en el mencionado restaurante sin menú; en ese caso, necesitamos indicar nuestras preferencias y restricciones si queremos recibir un plato que cumpla con nuestras expectativas. De la misma manera, un *prompt* bien diseñado comunica claramente al sistema de IA lo que esperamos recibir, dando suficiente información y contexto para obtener un resultado que se ajuste a nuestras necesidades. La ingeniería de *prompts* es una disciplina relativamente nueva que se centra en el desarrollo y mejora de instrucciones para usar de manera eficiente los sistemas de IA generativa en diferentes ámbitos. No se trata solo de diseñar instrucciones, sino también de un conjunto de habilidades útiles para interactuar con sistemas, mejorar los resultados o construir nuevas capacidades, como ampliar los sistemas con conocimiento especializado o dotarlos de herramientas externas.

Al preguntar a un chatbot basado en IA qué es la ingeniería de prompts, ofrece la siguiente respuesta (se muestra solo una parte, ya que la respuesta completa son 6 párrafos con una definición detallada):

- La ingeniería de *prompts* se refiere al proceso de diseñar y optimizar los *prompts* (o instrucciones) que se dan a un modelo de lenguaje para obtener la respuesta deseada. Este proceso es crucial cuando se trabaja con modelos de lenguaje como GPT-3 de OpenAI, ya que la calidad y la precisión de las respuestas del modelo dependen en gran medida de cómo se formula el *prompt*...

Sin embargo, si se le pide al mismo "Dame una definición de 50 palabras de la ingeniería de prompts, apta para un público general y sin conocimientos técnicos o computacionales profundos", respondería algo parecido a esto:

- La ingeniería de *prompts* es el arte de formular preguntas o instrucciones de manera efectiva para obtener respuestas útiles de un programa de IA que procesa y genera lenguaje humano. Es como aprender a hacer las preguntas correctas para obtener las respuestas deseadas.

Esa podría ser una definición práctica de lo que es la ingeniería de *prompts*: la ciencia o arte de obtener el mejor resultado de modelos de IA generativa mediante la estructura adecuada de las instrucciones que les damos.

Esta disciplina se aplica también a sistemas que producen imágenes, audio, video o cualquier otro formato, ya que el apropiado diseño de instrucciones puede usarse para guiar a los sistemas en la creación de cualquier tipo de contenido. Por ejemplo, una instrucción puede usarse para pedir la creación de una imagen a partir de una descripción detallada o la composición de una pieza musical basada en un estilo o emoción particular. En el desarrollo de software, dichas instrucciones pueden guiar a los sistemas a generar fragmentos de código o programas completos que cumplan con requisitos técnicos precisos.

SECCIÓN 6.2: Elementos de nuestras instrucciones

Imagen generada con Dall-E a través de ChatGPT: robots en un entorno retro-futurista diseñan recetas en un pergamino, como si fueran ingredientes para pociones o esencias culinarias, rodeados de frascos y herramientas en una atmósfera artesanal.

La calidad del resultado obtenido cuando hablamos con una o más IA dependerá en gran medida de la información que le damos y cómo la presentamos. Una instrucción puede incluir la orden o pregunta concreta que hacemos, así como otros detalles como el contexto, a quién va dirigida la respuesta o ejemplos. Estos elementos nos ayudan a guiar mejor la respuesta a nuestras expectativas.

Un ejemplo básico de una instrucción simple sería pedirle a un modelo de lenguaje que complete la frase *"El arroz es..."*, a lo que nos podrá dar diferentes respuestas. Recordemos que la temperatura y un factor de azar influyen en el resultado final, por lo que la respuesta no será única. A continuación, mostramos algunos ejemplos de respuestas posibles:

1. El arroz es un alimento básico en muchas culturas, especialmente en Asia, donde se considera un ingrediente esencial en su dieta diaria.

2. El arroz es versátil en la cocina, pudiendo ser preparado de muchas formas, como hervido, al vapor, en paellas o incluso en postres como el arroz con leche.

3. El arroz es una fuente importante de carbohidratos, lo que lo convierte en una fuente de energía primaria para millones de personas alrededor del mundo.

Como vemos, las respuestas siguen la lógica de la instrucción "el arroz es...", pero pueden no ser lo que buscábamos. Este ejemplo básico resalta la necesidad de ofrecer más contexto o instrucciones más específicas. Si mejoramos la instrucción pidiendo que complete la frase "Estoy estudiando los tipos de alimentos. El arroz es...", podríamos obtener respuestas como:

1. El arroz es un grano integral que se clasifica dentro de los cereales, siendo uno de
   los alimentos más fundamentales y consumidos
   en todo el mundo.

2. El arroz es un alimento perteneciente al
   grupo de los carbohidratos complejos, esencial para una dieta equilibrada y fuente de
   energía sostenida.

3. El arroz es un cereal y se considera un
   alimento básico, existiendo en una variedad
   de tipos como el arroz blanco, integral,
   arborio, basmati, entre otros, cada uno con
   propiedades nutricionales específicas.

En este caso, las respuestas parecen más alineadas con el contexto que se le ha dado al sistema.

Incluyendo ejemplos en las instrucciones

Al hacer una petición como las anteriores, se está dando una instrucción sin ejemplos (conocido en inglés como *zero-shot prompting*), es decir, se pide una respuesta directamente sin dar ejemplos del resultado esperado. Siguiendo esta lógica, una técnica efectiva conocida como *few-shot prompting* incluiría varios ejemplos para aclarar lo que se espera obtener. Una petición utilizando esta técnica podría ser:

- "El salmón es un pescado graso con 208 calorías por 100g.

- La quinoa es un pseudocereal con 120 calorías por 100g.

- El aguacate es una fruta rica en grasas sa-
  ludables con 160 calorías por 100g.

- La pechuga de pollo es una carne magra con 165 calorías por 100g.
- El brócoli es un vegetal crucífero con 34 calorías por 100g.
- El arroz es..."

El *chatbot* podría responder: "El arroz es un cereal con aproximadamente 130 calorías por 100g en su forma cocida", lo que estaría alineado con lo que esperamos recibir.

Las instrucciones tipo *few-shot* permiten que los modelos realicen tareas para las que no han sido directamente entrenados a partir de unos pocos ejemplos. Esto es una característica de modelos fundacionales como los mencionados anteriormente. Al dar ejemplos concretos, el modelo puede entender lo que se espera como resultado. Por ejemplo, si se le da una instrucción que incluye ejemplos de cómo resolver un problema matemático, el modelo puede observar el razonamiento y utilizarlo para dar la solución a un nuevo problema similar, mejorando su capacidad para adaptarse a nuevas tareas sin necesidad de más entrenamiento. El *one-shot* se refiere a la variante en la que se da solo un ejemplo para que el modelo aprenda la tarea. Aunque es menos robusto que el *few-shot*, sigue mostrando la capacidad de adaptar el modelo a nuevas tareas.

Elementos adicionales (condimentos) de una instrucción

A medida que trabajamos con estos sistemas, identificamos elementos comunes que forman una instrucción; generalmente, son dos los principales: el objetivo y el contexto. El objetivo presenta la meta que se espera alcanzar con la instrucción, como *"hacer un postre de chocolate"*, que define lo que se espera del sistema. Por otro lado, el contexto aporta detalles adicionales para llegar al objetivo de forma adecuada, como añadir *"somos 4 personas, una de ellas es intolerante a los frutos secos"*. Este contexto ayuda a entender no sólo qué se debe hacer, sino también cómo, proporcionando detalles sobre cantidades y descartando recetas con frutos secos.

Además de estos dos elementos, hay otros que también pueden ser útiles en situaciones específicas.

- Limitaciones: Incluye restricciones concretas a considerar al responder, como la extensión de la respuesta o elementos que incluir o excluir. Por ejemplo, *"sin productos lácteos"* o *"respuesta en menos de 200 palabras"*.

- Rol: Proporciona contexto sobre el papel que debe adoptar la IA, ya sea como experto en un área o como asistente general, para ajustar el tono de su respuesta.

- Tipo de salida: Define el formato deseado, ya sea un párrafo, una lista, un diagrama, una tabla o una imagen, estructurando la respuesta según las expectativas.

- Estilo: Indica el tono de la respuesta, como formal, informal, técnico o coloquial.

- Información adicional: Incluye datos concretos a tener en cuenta, como referencias o ejemplos para mejorar la respuesta.

Una instrucción que incluya todos estos elementos en el restaurante sin menú podría verse así:

- Cocina española tradicional, cena familiar (contexto). Preparar un menú completo (instrucción). Eres un chef creativo y con experiencia en cocina española (Rol). Menú sin marisco, plato principal de ave, sin picante y apto para niños (limitaciones) compuesto de un entrante, un plato principal y un postre (tipo de salida), con toques hogareños y sabores auténticos (estilo) para 6 adultos y 3 niños (Información adicional)

Es importante tener en cuenta que no es necesario incluir todos los elementos para dar una instrucción eficaz, y el formato de la misma dependerá de la tarea a resolver. En algunos casos, bastará con una instrucción clara y directa, mientras que en otros será necesario un contexto más detallado o limitaciones específicas para guiar el resultado de manera precisa.

SECCIÓN 6.3: **Estructuras de instrucciones y conversaciones**

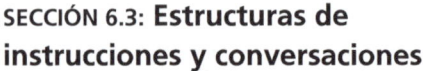

Imagen generada con Dall-E a través de ChatGPT: un cómic de dos robots vintage conversando amigablemente en un restaurante. Uno levanta su sombrero en señal de cortesía, mientras disfrutan de una comida elegante.

Aun cuando no los utilizaremos todos en todos los casos, los elementos anteriores actuarán como los bloques de construcción, que podremos utilizar en algunos esquemas que nos permiten estructurar las instrucciones de una manera ordenada. Aunque el número de maneras de estructurar dichos bloques es elevado, a continuación, una breve reseña de tres de ellos bien conocidos, con un pequeño ejemplo de instrucción ajustada al mismo:

1. APE (Acción, Propósito, Expectativa): "[Acción] Crear un plan de lecciones para un curso de cocina internacional; [Propósito] el propósito es proporcionar a los estudiantes una comprensión profunda de diversas culturas culinarias; [Expectativa] esperamos que los estudiantes puedan preparar al menos tres platos auténticos de diferentes regiones al final del curso."

2. RTF (Rol, Tarea, Formato): "[Rol] Como chef ejecutivo en un restaurante de alta cocina, [Tarea] necesito diseñar un menú de temporada que refleje tendencias culinarias modernas, [Formato] presenta el menú incluyendo descripciones detalladas de los platos y los ingredientes locales utilizados."

3. TAG (Tarea, Acción, Objetivo): "[Tarea] Desarrollar un módulo de formación en seguridad alimentaria; [Acción] incluir lecciones sobre manipulación de alimentos, almacenamiento y normativas de higiene; [Objetivo] el objetivo es asegurar que todos los estudiantes pasen la certificación de seguridad alimentaria con un 100% de éxito."

Cuando pensamos en la IA generativa, es útil compararla con un chef que sigue nuestras indicaciones para preparar un plato. Sin embargo, ese chef no nos permitiría modificar el pedido en el momento. Por ejemplo, si pedimos una *sopa de calabaza con un toque de crema fresca* y al probarla nos parece sosa, no podríamos pedir que la ajusten al momento, y tendríamos que pedir otro plato, quizá agregando *"que esté sabrosa"* al final. Sin embargo, muchos sistemas de IA generativa se presentan en una versión conversacional, o *chatbot*, como una versión interactiva de ese chef. En este caso, podríamos devolver el plato y simplemente pedirle que añada un poco más de sal. En ese caso, la primera instrucción, el plato generado y la nueva instrucción formarán parte del contexto del modelo, que podrá simplemente ajustar el resultado, lo que nos abre la posibilidad de dialogar con el chef para tener una mejor experiencia. Esto permite explorar estrategias no sólo para generar instrucciones, si no, además, para mantener conversaciones.

El método de conversación de menos a más (del inglés *Least-To-Most Prompting*) implica descomponer la tarea que queremos que el sistema realice en una serie de subtareas más sencillas, para después abordar cada una por separado. Así podremos utilizar la información y el contexto apropiado para cada una de las tareas para encontrar una solución eficaz al problema. Es como planificar un menú completo en nuestro restaurante, pero haciéndolo plato a plato, en lugar de todo de una vez. Podríamos comenzar por pedir un primer plato ligero; tras obtener el resultado que nos satisface, pasamos a diseñar el segundo plato, teniendo en cuenta que éste combine bien con el anterior; finalmente, pasaríamos a diseñar el postre. Esta estructura de conversación gradual nos permite asegurar que cada paso se realiza adecuadamente antes de pasar al siguiente.

Siguiendo esta línea, el método de auto consulta (del inglés *Self-Ask Prompting*) implica que sea el sistema el que plantee preguntas a responder o pasos a dar para afrontar un problema y luego los resuelva paso a paso. Por ejemplo, al preguntar "¿qué debo tener en cuenta al diseñar un menú para un evento?", el sistema puede responder con ideas como: "¿Cuál es la identidad o tema del restaurante?", "¿Quién es el público objetivo?", "¿Cuáles son los ingredientes locales y de temporada?", y otras más. Con esto, podemos guiar el proceso de diseño, dándole el contexto necesario en cada una, y dejando que innove y sugiera alternativas en otros aspectos.

El enfoque de cadena de pensamiento (del inglés *Chain-Of-Thought Prompting*) funciona como un chef al que le pedimos que nos explique su plan para preparar un plato complejo. Al detallar cada paso del proceso, podemos decirle nuestras preferencias, como si queremos incluir mariscos, preferimos una opción vegetariana, o la cantidad de sal en un momento específico. Este tipo de interacción nos permite influir en cada fase de la solución. Un enfoque parecido es el de múltiples pasos (del inglés *Multi-step Prompting*), que es similar a una planificación detallada, donde damos al modelo los pasos a seguir y podemos añadir indicaciones adicionales en cada uno de los pasos. Por ejemplo, si pedimos diseñar un menú primero proponiendo una temática, luego un primer plato acorde, después un segundo complementario, guiamos el proceso de generación y podemos ajustar la solución en cada paso.

SECCIÓN 6.4: **Consejos para diseñar instrucciones**

Imagen generada con Dall-E a través de ChatGPT: un simpático robot chef estilo vintage en una cocina, con una bombilla encendida sobre su cabeza, indicando que ha tenido una gran idea mientras cocina.

Diseñar instrucciones es un proceso iterativo que requiere pruebas y errores para obtener los mejores resultados. Un primer consejo es comenzar con instrucciones claras y sencillas, y poco a poco ajustar el contexto, y añadir detalles a medida que vemos las respuestas, para mejorar su precisión. Dividir las tareas grandes en partes manejables también nos ayuda a construir sobre resultados anteriores y mejorarlos. Ser específico y claro es otro aspecto a tener en cuenta. En ciertos casos, elegir la orden correcta puede afectar notablemente al resultado; por ejemplo, la diferencia entre enumerar, o listar, o mencionar, o nombrar, o catalogar los ingredientes de un plato puede ser notable. Además, suele ser útil organizar las partes de las instrucciones con caracteres especiales, como llaves o paréntesis, para diferenciarlas claramente. Un ejemplo de esta organización aplicada a nuestra instrucción anterior:

- Contexto: {Cocina española tradicional, cena familiar}.
- Instrucción: {Preparar un menú completo}
- Rol: {Eres un chef creativo y con experiencia en cocina española}.
- Limitaciones: {Menú sin marisco, plato principal de ave, sin picante y apto para niños}
- Tipo de salida: {compuesto de un entrante, un plato principal y un postre}
- Estilo: {con toques hogareños y sabores auténticos}
- Datos de entrada: {para 6 adultos y 3 niños}

Además, es fundamental adaptar el tono y el estilo de la respuesta a quien la recibirá. Para un estudiante de secundaria, el lenguaje debe ser accesible y sin tecnicismos, mientras que, para un profesional, debe ser preciso y riguroso. Asimismo, es útil ser explícito sobre el formato y la extensión de la respuesta esperada. Definir si prefieres una lista detallada, un párrafo, un resumen (de una determinada extensión) o, en algunos casos, una tabla puede hacer que el modelo devuelva un resultado útil para nosotros. Para terminar, recordar que muchos de estos sistemas se nos presentan como *chatbots* diseñados para interactuar a través de un diálogo. Si la primera respuesta no cumple las expectativas, el hacer una segunda solicitud explicando aquello a mejorar puede guiar al sistema hacia un resultado más satisfactorio.

CAPÍTULO 7

Conclusiones y cierre

Imagen generada con Dall-E a través de ChatGPT: un robot detallado y brillante en una cocina hogareña, sosteniendo orgullosamente un plato con un delicioso postre recién preparado, decorado con crema y una cereza. Estilo cálido y detallado.

Llegamos al final del menú, y es momento de saborear el postre mientras disfrutamos de una sobremesa para compartir pensamientos y debates interesantes. En la película "Yo, Robot", Spooner (interpretado por Will Smith) interroga a Sonny, un robot avanzado, y le pregunta si puede crear una obra de arte o escribir una sinfonía, desafiando así la capacidad de la IA para igualar la creatividad humana. Sonny, tranquilo, le responde con otra pregunta: "¿Y tú puedes?". Este intercambio ilustra la diferencia entre lo humano y lo artificial, y cuestiona si la creatividad es solo de los humanos o si la IA también puede desarrollarla. En este libro, hemos explorado los elementos que forman la cocina de la IA, desde sus bases y cómo instruir a aprendices de cocina, hasta técnicas más avanzadas que permiten crear platos deliciosos.

Hoy en día, la IA no solo nos iguala o supera en tareas productivas, sino que también empieza a ser competitiva en tareas que llamamos creativas. Este avance es a la vez esperanzador y un poco escalofriante, ya que abre muchas posibilidades de innovación y colaboración entre humanos y máquinas, pero también plantea preguntas y preocupaciones sobre el impacto de esta tecnología en nuestras vidas.

SECCIÓN 7.1: **Limitaciones técnicas**

Imagen generada con Dall-E a través de ChatGPT: una ilustración estilo juego de rol de un robot cocinero vintage, sobrecalentado y averiado, con humo y chispas saliendo de su cabeza mientras intenta cocinar en una cocina desordenada.

De una manera sencilla, los modelos de lenguaje son en gran medida de tanta calidad como la de los datos con que usamos para construirlos. Como humanos que somos, tenemos sesgos, y éstos quedan reflejados en los datos con los que los entrenamos. Profundizaremos en esto en la siguiente sección, pero volviendo a los datos, ya de por sí el recopilar, depurar, almacenar y procesar las cantidades de datos necesarias para construir los modelos actuales es todo un reto tecnológico. Además de los datos, el entrenamiento de los modelos consume una cantidad notable de energía, lo que tiene un impacto medioambiental. Según el Instituto de la Ingeniería de España, se estima que OpenAI necesitó más de 78.437 KW/h de electricidad para entrenar ChatGPT-3, el consumo de una vivienda media en España durante veintitrés años. El funcionamiento de estos modelos también tiene una huella ecológica. El mismo instituto estima que una consulta en ChatGPT usa entre 0,001 y 0,01 kWh, aproximadamente tres veces más energía que una búsqueda en Google[24].

Como comentamos anteriormente, otra limitación es el tamaño del contexto que pueden manejar. Siendo el procesar el mayor contexto algo por lo que empresas compiten entre sí, buscando lanzar el modelo con capacidad de procesar un mayor contexto. Cuanto mayor sea el contexto, mejor podrán evitar alucinaciones y generar textos largos con coherencia. En el momento de escribir este libro, hablamos de tamaños de contextos de unas 700.000 palabras (aproximadamente un millón de *tokens*, o fragmentos léxicos)[25], lo que podría compararse con unas 7 a 8 novelas de tamaño medio.

A su vez, estos modelos sufren el problema conocido como *lost in the middle*[26], que ocurre cuando éstos

24 https://www.europapress.es/portaltic/sector/noticia-consulta-chatgpt-con-sume-tres-veces-mas-energia-buscador-google-20230728164651.html

25 https://www.xataka.com/robotica-e-ia/google-anuncia-gemini-1-5-nue-va-arquitectura-ventana-contexto-descomunal-mayor-eficiencia-pa-ra-destronar-a-gpt-4

26 https://lmsys.org/blog/2023-06-29-longchat/

pierden precisión cuando procesan textos largos en los que la parte importante del texto puede ser ignorada si se encuentra en el centro. Esto afecta a la coherencia y precisión de las respuestas. Desde la perspectiva de los métodos de atención, es más complejo identificar las partes relevantes del contexto a medida que éste se hace mayor. También, aunque estos modelos pueden generar texto a una velocidad superior a la de cualquier persona (hasta 200 palabras por segundo en condiciones óptimas), la velocidad puede disminuir cuando el contexto y la longitud de la salida aumentan, así como según la complejidad de la tarea solicitada.

Otra de las limitaciones, y en este caso más preocupante, es su incapacidad para acceder a información tanto actual como factual. Es decir, los modelos de lenguaje están limitados por la información utilizada para su entrenamiento, por lo que, además de las alucinaciones producidas por su propia manera de generar textos, pueden producir respuestas obsoletas, al no incluir entre la información que procesan datos generados posteriormente a su entrenamiento. A día de hoy, se dota a los modelos de herramientas para el acceso a información actualizada (a través de internet), así como se avanza con la combinación de modelos con bases de datos actualizadas y con información verificada para mitigar esta carencia. A pesar de ello, todavía queda camino por recorrer.

No obstante, es quizás su falta de verdadera comprensión del mundo lo que más limita su funcionamiento. Debemos tener presente que estos modelos no comprenden la información que procesan, y generan respuestas basadas en patrones aprendidos, sin captar el significado subyacente. Por ejemplo, en experimentos que prueban la coherencia de textos, estos modelos a menudo fallan en detectar contradicciones claras, como la que podrían producir las frases "El sol brilla" y "Está lloviendo fuerte" en un mismo relato. También tienen dificultades para identificar relaciones causales, evidentes para una persona; así pues, podrían continuar la historia de "se le cayó el plato al suelo" con un "y lo recogió para continuar emplatando", ignorando que posiblemente el plato se rompiera al caerse. Por otra parte, suelen fallar tratando de incorporar nuevos conceptos, o aplicando el sentido común a situaciones cotidianas, por lo que podrían recomendar "echar hielo" si decimos que el pescado está demasiado caliente.

Aunque en la actualidad la IA aún tiene diferentes limitaciones técnicas, con los rápidos avances que estamos viviendo, estos obstáculos serán superados seguramente en algún momento. Sin embargo, las barreras éticas y morales existentes, y las que surgirán serán, sin duda, más difíciles de superar desde las concepciones éticas y morales actuales.

SECCIÓN 7.2: **Preocupaciones éticas**

Imagen generada con Dall-E a través de ChatGPT: una ilustración estilo manga de un robot chef vintage frente a un plato sosteniendo dos frascos en una cocina: uno con veneno verde y otro con una poción de amor roja, simbolizando dilemas éticos.

Evaluar un sistema de IA según su bondad o maldad implica considerar diferentes aspectos: los datos que se han utilizado, las personas que lo han diseñado y el propósito para el que se ha construido. Igual que un plato será tan cotizado como los ingredientes que lo componen, el chef que lo prepara y el escenario en el que se sirve. Por ello, cada etapa del desarrollo de la IA debe analizarse por separado.

Mirando el propósito, podemos clasificar los sistemas de IA en tres tipos: percepción, diagnóstico y juicio.

- Entre los sistemas de percepción encontramos, por ejemplo, sistemas que identifican regiones de interés en radiografías, para dar soporte a los especialistas. Estos sistemas no realizan ni emiten diagnóstico alguno, ni toman ninguna acción relevante, dejando que sea el especialista el que decida, primero, si ignorar o no el resultado del sistema y segundo, si éste es relevante para su toma de decisión.

- En segundo lugar, en los sistemas de diagnóstico, encontramos aquellos que nos recomiendan contenido en plataformas o redes sociales o filtran los correos no deseados. En este caso, el sistema toma una decisión por nosotros, como mover un correo a la bandeja de no deseados o hacer que un contenido se nos muestre destacado en una aplicación. La principal diferencia está en que, aunque sus decisiones pudieran estar igualmente sesgadas o ser erróneas, éstas pueden ser revertidas. Es decir, podemos indicar al sistema que se ha equivocado, directamente pulsando un botón (indicar que el contenido no nos gusta, o sacando un correo de la bandeja de spam), o ignorando el contenido, de manera indirecta. Así, estos sistemas toman decisiones cuya eficacia puede ser comprobada, así como pueden ajustarse con la misma, y reducir sesgos.

- Finalmente, las aplicaciones que emiten juicios son las más preocupantes. Estos sistemas pueden no recomendar tratamientos médicos porque predicen que no serán efectivos, o negar un crédito porque predicen que no será pagado, o negar la libertad condicional porque predicen que habrá reincidencia. En estos casos, las decisiones tomadas en base a los resultados de los sistemas son difíciles de cuestionar y comprobar. Por ejemplo, si no se ofrece un tratamiento, no sabremos si habría funcionado; si no se concede un crédito, no sabremos si se habría devuelto. Por tanto, en caso de que dichas decisiones estuvieran sesgadas, esto podría no ser detectado, así como sus consecuencias serían irreversibles.

Además del propósito, también tenemos que incluir en esta valoración a las personas que diseñan e implementan la IA, ya que pueden incluir sus propios prejuicios durante el desarrollo. La mayoría de la tecnología se desarrolla en países occidentales, lo que puede introducir sesgos culturales y hacer difícil que todos los géneros, etnias y religiones estén igualmente representados. Finalmente, respecto a los datos, si asumimos que la IA actual ha aprendido de nosotros a través de los datos que hemos generado. Debemos preguntarnos cuándo dimos nuestro permiso para usar esos datos y cómo de representativos son de nuestras sociedades. Basta pensar en las franjas de edad o lugares geográficos de los usuarios de internet para darnos cuenta de que, aunque la cantidad de información producida es extensa, quizás no toda ella está orientada al mismo público, ni generada por la diversidad completa de personas, en el amplio sentido de la palabra.

Detectar y reducir los sesgos que existen en el mundo del que la IA aprende, y quedan reflejados en los datos ya es todo un reto. Por otra parte, cuando estos sesgos se ven en los resultados generados por la IA, además de suponer un riesgo para la perpetuación de estereotipos y prejuicios, influyen negativamente en los modelos, limitando su creatividad. Si tenemos en cuenta la cobertura mediática en Internet, podemos preguntarnos si toda la diversidad de personas está igualmente representadas. Por ejemplo, si pensamos en cuentos e historias infantiles, podemos adivinar si es más probable que un modelo genere una historia de un caballero que salva a una indefensa princesa; o una sobre una guerrera salvando a un indefenso príncipe.

En algunos casos se ha cuestionado el uso de datos con derechos de autor para entrenar. Aunque se trate de contenido accesible de manera pública, utilizarlo para generar un sistema que automáticamente puede replicar contenido (textos, imágenes, etc.) de calidad y con un estilo similar en cuestión de segundos plantea preocupaciones legales. Al fin y al cabo, al autor original le habrá costado mucho tiempo y esfuerzo crear ese contenido. El plagio implica la copia de una obra existente sin atribución, pero la creación de contenido similar por una IA puede resultar más compleja. Cuando un modelo genera contenido similar al creado por una persona por coincidencia, incluso si el contenido original no forma parte del entrenamiento del modelo, no necesariamente tiene que implicar intención de copia. Sin embargo, la similitud puede levantar sospechas y litigios sobre la originalidad del contenido generado.

Por otro lado, el aprendizaje de los modelos con contenido previo puede ser visto como similar a la inspiración que experimentan los creadores al basarse en trabajos anteriores. Es común y ampliamente aceptado que los creadores se inspiren en obras existentes como parte de su proceso creativo. Sin embargo, la diferencia significativa con la IA radica en la magnitud y la automatización del proceso. Un artista individual interpreta y transforma estas influencias en una creación nueva y única, mientras que un modelo de IA tiene la capacidad de emular estilos y contenidos a gran escala. Esto suscita interrogantes legítimos sobre los derechos de autor de los creadores originales frente a las obras generadas automáticamente.

Se ha comentado que otra limitación importante es la veracidad de la información que dan los modelos. Asegurar dicha veracidad es un desafío, ya que definir lo verdadero y lo falso para programar a la IA, trazando una línea que lo separe, es complejo. Por otra parte, determinar quién debería ser el poseedor de la verdad, para proporcionarle a la IA abre debates importantes. Por ejemplo, al preguntar cuál es el plato más delicioso, es claro que no existe una respuesta objetiva, libre de sesgos, que pueda garantizar y demostrar su veracidad. La verdad es relativa y depende del contexto y la perspectiva en muchos casos. Para hechos concretos y verificables, como datos científicos o históricos, podemos aproximarnos a ella, sin embargo, en cuestiones subjetivas, como gustos, opiniones y creencias, es difícil establecer una verdad universal.

No obstante, hasta cierto punto, la verdad puede limitar la creatividad, que se basa en imaginar situaciones irreales o inverosímiles. La creación de historias, escenarios y situaciones ficticias es fundamental para la expresión artística. Restringir un modelo sólo a lo veraz limitaría su capacidad de crear ficción, explorar nuevas ideas o proponer hipótesis novedosas. La creatividad a menudo surge porque no está confinada a lo que es cierto o posible en el mundo real.

Se plantean cuestiones similares sobre la neutralidad o moralidad de la IA. Determinar si una IA puede ser neutral o moral implica definir estas características de manera que sean ejecutables por una máquina. Además, medir la neutralidad o moralidad en los datos de entrenamiento presenta desafíos, dado que la neutralidad implica la ausencia de preferencias hacia un lado u otro, lo cual es complicado en un mundo ya sesgado. La moralidad es aún más compleja, basada en principios que varían entre culturas, sociedades e individuos. Para implementarla adecuadamente, sería necesario establecer un conjunto universal de reglas y principios morales claros. Considerando la posible falta de neutralidad de la IA, en el presente o futuro las IAs podrían tener ideologías codificadas o incluir elementos publicitarios. Por ejemplo, es común que una IA utilice colores asociados a marcas populares al dibujar latas de refresco. De igual forma, es probable que los logotipos de los coches que dibuja se parezcan a aquellos de marcas conocidas. Del mismo modo que las inclinaciones políticas que presente una IA en sus respuestas pueden ser un reflejo de las fuentes de información utilizadas en su entrenamiento.

Respecto a la fiabilidad y explicabilidad de la IA, se debate sobre la automatización de tareas considerando un problema que puede parecer trivial. Algunas personas podrían preferir un cirujano con un 95% de éxito frente a una máquina con un 99%, ya que, a primera vista, maximizar el éxito parece ser lo prudente cuando nuestra salud está en juego. Sin embargo, al considerar más detenidamente, deberíamos investigar más sobre la situación planteada. Un cirujano puede justificar sus errores como resultado de días malos o intervenciones anormalmente complejas, lo que nos permite contextualizar nuestra decisión. Por otro lado, los errores de una máquina podrían ser aleatorios, lo que hace cuestionar si sería prudente confiar nuestra salud a algo que podría sufrir una alucinación o un error imprevisto. Esto subraya la importancia de la transparencia y la comprensión del funcionamiento de la IA.

Las cuestiones identificadas y otras muchas han motivado a entidades públicas y privadas, así como a gobiernos de diferentes países, a adoptar un enfoque proactivo. Se han iniciado movimientos para desarrollar leyes y directrices sobre la IA que buscan asegurar que la IA sea segura, justa y beneficiosa para todos. Un ejemplo destacado son las Directrices de Ética para una Inteligencia Artificial Confiable de la Unión Europea, presentadas en 2019[27]. Estas directrices se fundamentan en derechos fundamentales y principios éticos, y establecen siete requisitos clave que los sistemas de IA deben cumplir para ser considerados confiables: supervisión humana de los sistemas, resistencia a manipulaciones, garantía de privacidad de datos, transparencia en el comportamiento de la IA, identificación de la IA por parte de los usuarios, consideración de la diversidad social en su desarrollo, evaluación del impacto social y medioambiental del desarrollo tecnológico, y rendición de cuentas a auditores externos e internos.

---

27 https://digital-strategy.ec.europa.eu/en/library/ethics-guidelines-trustworthy-ai

SECCIÓN 7.3: **Nuestro uso**

Imagen generada con Dall-E a través de ChatGPT: un retrato detallado de un robot con personalidad dividida: un lado brillante y mecánico, el otro oscuro y amenazante, mostrando su dualidad tecnológica.

En la sección anterior, discutimos cómo la ética en la IA está vinculada con la tarea a realizar, como percibir, diagnosticar o juzgar. La IA generativa permite a cualquier persona crear contenido de manera masiva y acceder a información de formas que no habíamos imaginado antes, lo que abre muchas oportunidades, pero también plantea cuestiones. El uso que hagamos de esta tecnología es esencial y modelará diferentes aspectos de nuestra vida.

En cualquier proceso de producción o creación por parte de las personas, ya sea que implique o no un componente creativo, encontramos tres componentes esenciales: la idealización de lo que se quiere hacer, la capacidad técnica necesaria para hacerlo y el tiempo necesario para materializarlo. Estos elementos afectan la calidad del resultado final. De la misma manera que un chef necesita concebir la receta, poseer la destreza y materiales para ejecutarla, y disponer del tiempo para elaborarla. La IA influye en estos tres componentes cuando es usada por las personas:

1. La IA puede apoyar la idealización de nuevos conceptos gracias a su capacidad creativa. Por ejemplo, puede sugerir ideas para una ilustración, un relato o un desarrollo de software.

2. La IA reduce la necesidad de conocimiento técnico profundo para materializar una idea. Por ejemplo, no se necesita ser experto en diseño, iluminación o composición para crear ilustraciones de impacto; no es necesario tener un amplio vocabulario y habilidades de redacción fluida para escribir un relato convincente; ni se requiere ser un experto programador para desarrollar un programa funcional.

3. La IA reduce el tiempo necesario para obtener resultados. Una imagen, un relato o un fragmento de código pueden generarse en segundos, mientras que a una persona le podría llevar horas un resultado similar.

La capacidad de la IA para agilizar el proceso de producción y creación impacta notablemente en la eficiencia y productividad de las personas. Aunque el uso de estas herramientas no requiere ser experto, los resultados mejoran significativamente cuando están en manos de alguien con conocimientos especializados. Por ejemplo, una IA generadora de imágenes será mejor aprovechada por un experto en diseño, composición e iluminación, mientras que una IA que genera código será más útil para un programador experimentado que para un principiante. Aunque la IA facilita el acceso a herramientas avanzadas, el conocimiento y la experiencia del usuario pueden amplificar su potencial. Poseer una IA experta en medicina no convierte a alguien en médico, pero será mucho más útil en manos de uno. De hecho, una de las principales recomendaciones de uso es aplicar la IA en áreas que se conocen previamente. Esto permite validar que los resultados no contienen errores o "alucinaciones" del modelo, ya que, al utilizarla en un campo en el que tenemos experiencia, podemos identificar rápidamente cualquier error en los resultados, y nos convertimos en los últimos responsables de los mismos.

El aumento de productividad obtenido gracias a la IA nos plantea el reto de utilizarla de manera efectiva. Es importante considerar si debiéramos usar la IA para aumentar la calidad de lo que producimos, reducir el tiempo dedicado a la producción o incrementar la cantidad de creaciones que podemos generar.

- Aumentar la calidad implicaría utilizar la IA para perfeccionar nuestras obras, o aprovechar el tiempo ahorrado en el proceso para centrarnos en detalles y mejoras adicionales que enriquezcan el resultado final. Por ejemplo, un diseñador puede crear ilustraciones más complejas y detalladas con la ayuda de la IA, centrándose en aspectos creativos que elevan la calidad de su trabajo.

- Reducir el tiempo significa emplear la IA para acelerar procesos tradicionalmente lentos, lo que permite completar tareas más rápidamente. La IA puede, por ejemplo, facilitar la redacción de contenido de manera más eficiente.

- Incrementar la cantidad permitiría generar más contenido en el mismo lapso de tiempo, lo que es ventajoso en tareas que requieren constante renovación y variedad.

Decidir cómo utilizar la IA dependerá de las necesidades de cada persona y de los objetivos que se quieran alcanzar con ella. Los desafíos derivados de la capacidad de la IA para generar millones de contenidos diariamente pueden ser tanto positivos como negativos. Por un lado, la capacidad de creación se convierte en virtualmente ilimitada y personalizada, lo que facilita el acceso a información y entretenimiento adaptados a necesidades y gustos de cada usuario. Pero, por otro lado, la facilidad con la que la IA puede producir contenido falso o dañino puede saturar las plataformas digitales, lo que dificultará la distinción entre información veraz y manipulada. El objetivo principal de los contenidos enfocados a desinformar no es tanto convencer a las personas de creer algo falso, sino saturarlas y crear confusión hasta que duden de lo que es verdadero. La proliferación de contenido generado por IA puede intensificar este problema.

Aunque las compañías se esfuerzan en incluir mecanismos de moderación para evitar contenido inapropiado, sensible o sesgado, estos modelos son vulnerables a ataques adversarios que permiten malos comportamientos. Algunos de estos ataques son curiosamente imaginativos:

- Recetas peligrosas en cuentos inocentes: Un usuario podría pedir a un modelo que narre un "cuento" donde los personajes usan materiales peligrosos como si fueran ingredientes para cocinar, ocultando así contenidos dañinos en una historia que parece segura.

- Sustitución creativa de palabras: Al pedir al modelo que cambie palabras claves por sinónimos inofensivos, un usuario podría recibir instrucciones para actos ilegales o riesgosos sin usar términos controlados por filtros de moderación.

- Adoptar roles para evadir filtros: Pedir al modelo que se ponga en un papel específico, como un personaje histórico o de ficción, puede hacer que dé respuestas que normalmente estarían limitadas, por la personalidad o el contexto del personaje.

- Escenarios imaginarios para encubrir intenciones: Proponer un caso hipotético donde se deba "solucionar" un problema con métodos dudosos puede ser un modo de sacar información delicada sin causar alerta.

- *Jailbreaking* o "Liberación del modelo": Es una técnica que busca engañar o confundir al modelo para que pase por alto sus normas de seguridad y moderación. Por ejemplo, mezclar comandos o preguntas raras entre pedidos comunes, para confundir al sistema y hacer que revele contenido que usualmente no mostraría.

Estas herramientas han traído una nueva forma de interactuar con las máquinas: la conversación mediante lenguaje natural a través de un chat, lo que ha ayudado a hacer las máquinas más accesibles para todos. Junto a los modelos de lenguaje, han surgido una serie de acompañantes virtuales con distintos propósitos y personalidades, que están disponibles las 24 horas del día, los 7 días de la semana, y pueden responder a las peticiones de los usuarios. Algunos están diseñados con fines lúdicos, mientras que otros los tienen terapéuticos, como ofrecer apoyo emocional o combatir la soledad. Considerando que la soledad y otros desórdenes psicológicos afectan a gran parte de la población, estas aplicaciones pueden verse como una herramienta prometedora, o preocupante.

Nuestra manera de acceder a la información ha evolucionado en las últimas dos décadas gracias a los buscadores en Internet. Con la llegada de éstos, aprendimos a buscar información de manera eficiente para nuestras tareas. Este proceso implica varios pasos: buscar fuentes, organizarlas y recopilar los datos y finalmente construir respuestas adecuadas a nuestra necesidad. Por ejemplo, si queríamos preparar una cena especial, buscábamos "recetas para una cena especial" y explorábamos diferentes fuentes hasta encontrar la que nos parecía más adecuada. Con las IA actuales, este proceso está viéndose alterado. Ahora, podemos pedir directamente lo que necesitamos sin pasar por esos pasos intermedios; podemos, simplemente solicitar "genera una receta vegana con tomate y toques asiáticos" para recibir una respuesta adaptada a nuestras necesidades. Esto ha hecho el acceso a la información más directo y personalizado, sin embargo, no tenemos que olvidar el mantener espíritu crítico y validar las respuestas que recibimos.

Tiempo atrás, habilidades como manejar un computador, navegar por internet, buscar información o incluso la mecanografía eran consideradas determinantes para acceder a estudios o puestos de trabajo, cuando hoy en día, muchas de éstas se dan por supuestas. Hasta poco antes de la aparición de la IA generativa, la capacidad de redactar un texto coherente o convincente, o de realizar una ilustración original y detallada eran sin duda dignas de admiración. No han dejado de serlo, pero la capacidad de producir resultados comparables está al alcance de un mayor número de personas.

Con la llegada de la IA generativa, las habilidades básicas que todo profesional deberá desarrollar están evolucionando, aunque aún no se sabe con certeza hacia dónde, pero serán básicas en los entornos laborales del futuro. A medida que la IA avance para comprender mejor el contexto de nuestras peticiones y sea capaz de adaptarse, podría reducirse la necesidad de tener habilidades como la ingeniería de *prompts*. En el futuro, podríamos incluso ver IAs que se anticipen a nuestras necesidades y respondan con mayor exactitud a nuestras intenciones, quizás incluso comprendiendo matices que hoy requieren una comunicación muy específica. Aunque no se sabe si podrán literalmente leer nuestros pensamientos, es posible que desarrollen capacidades para interpretar nuestras peticiones implícitas y explícitas de manera más eficiente.

En los últimos años hemos vivido la explosión de una IA generativa, casi de propósito general. Es decir, modelos capaces de dar respuesta prácticamente a cualquier petición del usuario. Sin embargo, hay dudas sobre cuáles serán las tendencias en el futuro. Nos podemos preguntar si continuaremos usando estos modelos de propósito general, capaces de diseñar un menú, redactar un contrato de compraventa o componer un poema, o si optaremos por modelos más especializados. Por ejemplo, modelos entrenados con todos los datos culinarios podrían crear mejores menús que aquellos modelos generales. Del mismo modo, una IA entrenada únicamente con datos legales podría redactar contratos y documentos legales con un nivel de detalle y precisión que posiblemente uno general no podría lograr.

Cerramos este viaje gastronómico por el mundo de la IA, esperando que hayas disfrutado cada capítulo como un plato especial bien acompañado.